Lukas Fässler, Dennis Komm, Markus Dahinden, David Sichau

Programmiereinführung mit Python und MATLAB

Begleitunterlagen

Zum Onlinekurs

www.et.ethz.ch

Programmiereinführung mit Python und MATLAB

Begleitunterlagen

Zum Onlinekurs

Lukas Fässler, Dennis Komm, Markus Dahinden, David Sichau

Trotz sorgfältiger Arbeit schleichen sich manchmal Fehler ein. Die Autoren sind Ihnen für Anregungen und Hinweise per Email an et@ethz.ch dankbar!

Herstellung und Verlag: BoD – Books on Demand, Norderstedt

ISBN 978-3-7519-7100-3

Bibliografische Information der Deutschen Nationalbibliothek
Die Deutsche Nationalbibliothek verzeichnet diese Publikation in der
Deutschen Nationalbibliografie; detaillierte bibliografische Daten sind
im Internet über http://dnb.dnb.de abrufbar.

Version: 6, Datum: 16 Juli 2020, Hash: bec126b

Inhaltsverzeichnis

2   Kontrollstrukturen und Logik   25

3 Arrays, Such- und Sortieralgorithmen, Simulationen · 43

4 Funktionen, Module und Animationen   75

Wie soll dieses Buch verwendet werden?

Das vorliegende Buch enthält alle Begleitunterlagen zum Onlinekurs **Programmier-grundlagen mit Python und MATLAB**. Für den kostenlosen Kurs können Sie sich über folgende URL registrieren und einschreiben:

https://www.et.ethz.ch

Der Kurs besteht aus folgenden **6 Modulen**:

Modul	Titel
1	Variablen und Datentypen
2	Kontrollstrukturen und Logik
3	Arrays, Such- und Sortieralgorithmen, Simulationen
4	Funktionen, Module und Animationen
5	Matrizenrechnen, Zufallsexperimente und Monte-Carlo-Simulationen
6	Klassen und Objekte

Jedes Modul dauert abhängig von Ihrem Vorwissen 4 bis 8 Arbeitsstunden. Die Materialien in diesem Buch und auf der Webseite begleiten Sie von der Einführung der Begriffe und Konzepte, über deren Verwendung in einfachen Programmier-Beispielen bis hin zur selbstständigen Anwendung und Diskussion in kleinen Programmier-Projekten.

Jedes Modul ist in folgenden 4 Phasen organisiert:

1. **SEE**: Kurze Einführung in die wichtigsten Begriffe und Programmier-Konzepte des Moduls.
2. **TRY**: Computerbasierte Einführung an einfachen Programmier-Beispielen direkt in einer Programmierumgebung. Angeleitet werden Sie dabei von einem elektronischen Tutorial (E.Tutorial®).
3. **DO**: Selbstständige Umsetzung kleiner Programmier-Projekte. Verknüpfung der neuen Programmier-Konzepte mit den bereits bekannten.
4. **EXPLAIN**: Diskussion der individuellen Resultate aus Phase 3 mit Fokus auf die neuen Konzepte aus Phase 1.

1

Dieses Buch enthält alle Begleitmaterialien für die Phasen 1 und 3.

Das Unterrichtskonzept dieses Kurses wurde 2018 an der ETH Zürich mit dem **KITE-Award** (*Key Innovation in Teaching at ETH*) ausgezeichnet.

Danksagung

Wir danken folgenden Personen:

- Prof. Dr. Hans Hinterberger, Dr. Barbara Scheuner und Dr. Hermann Lehner für das Bereitstellen von Vorlesungsunterlagen und Aufgabenstellungen.
- Prof. Dr. Juraj Hromkovič und dem Fonds Innovedum der ETH Zürich für die finanzielle Unterstützung.
- Dr. Hans Joachim Böckenhauer, Dr. Tobias Kohn, Dr. Dominik Gruntz, Dr. Arno Liegmann, Oliver Probst und Marco Schmid für das Korrekturlesen.

www.et.ethz.ch

Programmieren mit Python Modul 1

Erste Programme, Variablen und Datentypen

Theorieteil

Autoren:

Lukas Fässler, Dennis Komm, David Sichau

Begriffe

Programmiersprache	Variable
Algorithmus	Datentyp
Programm	Ganzzahl (Integer)
Editor	Gleitkommazahl (Float)
Quelltext	String (Zeichenkette)
Syntax	Wertzuweisung
Semantik	Initialisierung
Compiler	Arithmetische Operatoren
Bit/Byte	Ausdruck
ASCII-Code	Bildschirmein- und Ausgabe

Theorieteil

1.1 Modulübersicht

Die Entwicklung des Computers ermöglicht uns, Rechenarbeit durch Maschinen erledigen zu lassen. Der Computer kann jedoch allein keine Probleme lösen, sondern ihm muss ein Lösungsweg (eine Bearbeitungsvorschrift) gegeben werden. Dieser Lösungsweg wird ihm in Form eines **Programms** mitgeteilt. Dies geschieht wiederum in einer speziellen Sprache, der **Programmiersprache**. Bearbeitungsvorschriften zur Lösung einer Aufgabe werden **Algorithmen** genannt. Hierbei fordern wir, dass ein Algorithmus seine Arbeit immer beendet, also nicht unendlich lange braucht, wenn er ausgeführt wird und für jede Eingabe eine sinnvolle Ausgabe generiert. *Algorithmus* ist somit ein recht abstrakter Begriff. Wir können z.B. ein Kuchenrezept oder eine Wegbeschreibung als einen Algorithmus verstehen. Hier betrachten wir hingegen nur Algorithmen, die konkret in einer Programmiersprache ausformuliert worden sind.

1.2 Schreiben von Computerprogrammen

Wenn zwei Menschen miteinander kommunizieren, wird dies von vielen Dingen, wie beispielsweise Mimik und Gestik, begleitet. Auf die Frage „*Wie geht es dir?*" kann eine Antwort „*Gut.*" ganz unterschiedlich interpretiert werden, abhängig davon, wie der Antwortende dies zum Beispiel betont. Menschen besitzen einen Intellekt, der es ihnen ermöglicht, einen Dialog zu interpretieren und in einen Kontext zu setzen. Computer haben diese Fähigkeit nicht. Um mit einem Rechner zu kommunizieren, müssen wir uns exakt ausdrücken. Der Computer weiss nicht, was wir eigentlich gemeint haben, sollten wir uns falsch ausgedrückt haben. Für die ersten Computer war dies eine sehr mühselige Aufgabe, denn die Sprache, die ein Computer versteht, ist für Menschen sehr unintuitiv. Deshalb wurden sogenannte Hochsprachen entwickelt, die unserer natürlichen Sprache näher sind. In diesem Kurs werden Sie eine solche Sprache, nämlich **Python**, verwenden, um Algorithmen als Computerprogramme umzusetzen.

1.2.1 Computerprogramme bestehen aus Daten und Instruktionen

Ein **Computerprogramm** ist im Wesentlichen eine Auswahl von Daten und eine Folge von **Instruktionen**, die – wenn sie ausgeführt werden – jeweils eine bestimmte Funktion erfüllen. Eine Instruktion kann beispielsweise eine Berechnung ausführen. Zum besseren Verständnis können Sie sich, wie oben erwähnt, ein Kochrezept vorstellen. Es enthält als erstes die Mengenangaben der Zutaten (Daten) und danach die Reihenfolge der Schritte (Instruktionen), die man ausführen muss, um ein bestimmtes Gericht zu kochen. Das Grundschema eines Rezepts ist meistens dasselbe: zuerst die Zutaten, danach die einzelnen Arbeitsschritte.

Mit einem Computerprogramm verhält es sich ähnlich. Jedes Programm folgt ebenfalls einem Grundschema. Bei der Programmierung spricht man allerdings nicht von Schema, sondern von der **Syntax einer Programmiersprache**, d.h. von den Regeln, die für den Aufbau eines Programms befolgt werden müssen. Wie bereits erwähnt, gibt es allerdings einen wesentlichen Unterschied zu den Schritten in einem Kochrezept. Bei den Instruktionen müssen wir präzise sein. Vorschriften analog zu „nach eigenem Ermessen würzen" werden wir hier nicht finden, da der Computer sie nicht eindeutig auswerten kann.

Folgende Zeile zeigt ein sehr einfaches Beispiel für die Programmiersprache Python:

```
print ("Willkommen zu Programmieren mit Python.")
```

Unser Programm enthält in diesem Fall

- eine **Instruktion** (die Druckanweisung `print()`)
- die **Daten** (in diesem Fall den Text `Willkommen zum Programmieren mit Python`).

Wird dieses Programm nun ausgeführt, wird die folgende Zeile in die Konsole ausgegeben:

```
Willkommen zu Programmieren mit Python.
```

Das, was ein Programm ausführt, also seine Bedeutung, nennt man die **Semantik** des Programms.

1.2.2 Programme müssen übersetzt werden

Programme in einer Programmiersprache wie Python sind für uns Menschen lesbar und verständlich. Wie bereits erwähnt, versteht ein Computer sie aber nicht direkt, sondern nur nach einer Umwandlung in Instruktionen für seinen Prozessor. Diese sind für uns nicht nur schwer verständlich, sondern auch wesentlich simpler als die Anweisungen eines

Programms in einer Hochsprache wie Python. Das heisst, eine einzelne Instruktion eines Programms führt zu einer Folge mehrerer Prozessor-Instruktionen.

Damit nun ein Computer unser Programm ausführen kann, müssen die Anweisungen des Programms in Instruktionen des Computers übersetzt werden. Für das Übersetzen von Programmen aus einer Programmiersprache in eine Folge von Prozessor-Instruktionen gibt es spezielle Computerprogramme, so genannte **Kompilierer** (*Compiler*, Übersetzer). Der Vorgang des Übersetzens wird deshalb auch **kompilieren** genannt.

Schreiben und Ausführen eines Python-Programms

Programme werden in Dateien gespeichert. Um diese Dateien editieren und abspeichern zu können, brauchen wir einen **Editor**. Für Python gibt es eine Vielzahl von Editoren und Entwicklungsumgebungen. Nachdem Sie ein Programm geschrieben haben, wird es als **Quellcode** gespeichert. Dateien, die Python-Quellcode enthalten, haben die Erweiterung *.py*. Im nächsten Schritt übersetzt der Compiler den Quellcode in ein Format namens **Bytecode**, das für die Anwenderin oder den Anwender nicht sichtbar ist. Dieses bekommt die Endung *.pyc*.

Kommentare

Kommentare sind Lesehilfen für Menschen. Sie dienen der Dokumentation des Quellcodes. Der Compiler liest über die Kommentare hinweg und ignoriert diese vollständig. Es können beliebig viele Kommentare eingefügt werden. Es muss festgelegt werden, wo ein Kommentar beginnt und wo er endet. In Python verwendet man zur Markierung eines Kommentars zu Beginn der Zeile eine **Raute** oder **Hash-Zeichen** (#). Kommentare über mehrere Zeilen können zwischen je drei aufeinander folgende Anführungszeichen (""") und (""") gesetzt werden.

Im folgenden Beispiel werden die Zeilen 1, 5 und 6 vom Compiler ignoriert, die 2. Zeile wird hingegen übersetzt:

```
# Dies ist ein Kommentar und wird vom Compiler ignoriert.
print("Diese Zeile wird vom Compiler übersetzt.")

"""
Dies ist ebenfalls ein Kommentar. Diese Zeilen werden
vom Compiler ignoriert.
"""
```

1.3 Darstellen von Zahlen und Zeichen im Computer

In einem Programm werden Daten verarbeitet, die sich in ihrer Art unterscheiden (z.B. Zeichen, Zahlen oder logische Daten). Digitale Daten werden immer durch Ziffern dargestellt. Um die Darstellung von Zeichen, Zahlen und Texten im Computer zu verstehen, muss man das **binäre System** verstehen.

1.3.1 Binäres System

Alle Rechner stellen Informationen im binären System dar. Dieses kennt nur zwei Ziffern, nämlich 0 und 1 (im Gegensatz zum Dezimalsystem mit den Ziffern 0 bis 9). Eine solche Ziffer wird als **Bit** bezeichnet (Abkürzung für *Binary Digit*, übersetzt „Binäre Ziffer"). Ein Bit entspricht dem kleinsten speicherbaren Wert in einem Computer. Jeweils 8 Bit werden zu einem **Byte** zusammengefasst. Ein Byte kann somit $2^8 = 256$ verschiedene Sequenzen von je 8 Bit speichern.

1.3.2 Darstellung von Zahlen im binären System

Betrachten wir die Zahl 91, die binär mit 8 Bit als 01011011 dargestellt wird (siehe Tabelle 1.1). Wir reden deswegen in diesem Zusammenhang von der **Binärdarstellung** von 91 (und nicht von der Dezimaldarstellung, die für uns lesefreundlicher ist).

Bit	8	7	6	5	4	3	2	1	
Binärwert	0	1	0	1	1	0	1	1	
Wertigkeit	$2^7 =$ 128	$2^6 =$ 64	$2^5 =$ 32	$2^4 =$ 16	$2^3 =$ 8	$2^2 =$ 4	$2^1 =$ 2	$2^0 =$ 1	
Dezimalwert	0	64	0	16	8	0	2	1	$= 91$

Tabelle 1.1: Binäre Darstellung der Dezimalzahl 91. Details siehe Text.

Eine 8-Bit-Zahl, wie in unserem Beispiel, kann Werte zwischen 00000000 (0 im Dezimalsystem) und 11111111 (255 im Dezimalsystem) speichern. Für die Umrechnung vom Binär- in den Dezimalwert multiplizieren wir für jedes Bit den Binärwert mit der Wertigkeit des Bits (0 oder 1) und summieren diese auf. Ist die Zahl, die wir darstellen wollen, grösser als 255, muss ein grösserer Speicherbereich als 8 Bits bereitgestellt werden.

1.3.3 Darstellung von Zeichen im binären System

Für die Darstellung von Zeichen im Computer wurde der so genannte **ASCII-Code** entwickelt. ASCII steht für *American Standard Code for Information Interchange*, was übersetzt so viel heisst wie Amerikanische Standardcodierung für den Datenaustausch. Mit Hilfe des 7-Bit-ASCII-Codes können 128 verschiedene Zeichen (2^7) dargestellt werden oder umgekehrt wird jedem Zeichen ein Bitmuster aus 7 Bit zugeordnet (siehe Tabelle 1.2). Die Zeichen entsprechen weitgehend denen einer Computertastatur. Der ASCII-Code wurde später auf 8 Bit erweitert, was die Darstellung von 256 Zeichen (2^8) erlaubt.

Die ASCII-Tabelle enthält auch nicht darstellbare Zeichen (wie etwa ein Zeichen, das einen Zeilenumbruch repräsentiert). Die wichtigsten sind in Tabelle 1.3 dargestellt.

1.4 Variablen und Datentypen

Variablen können wir uns als Behälter zur Aufbewahrung von Werten vorstellen. Sie haben einen **Namen**, über den sie aufgerufen werden können, und speichern einen konkreten **Wert**. Der Wert der Variablen kann sich während der Ausführung des Programms ändern (er kann variieren, daher der Name).

1.4.1 Variablen definieren

Benötigt man in Python eine Variable mit dem Namen `meineZahl`, in der man zum Beispiel den Wert 4 speichern will, erreicht man dies mit folgender Anweisung:

```
meineZahl = 4
```

Das Speichern von Werten geschieht mit dem **Zuweisungsoperator**. In Python wird hierfür, wie bei vielen Programmiersprachen, ein **Gleichheitszeichen** (=) verwendet. Dabei wird der Wert des Ausdrucks *rechts* des Zuweisungsoperators der Variablen auf der *linken* Seite zugewiesen. Wenn einer Variablen das erste Mal ein Wert zugewiesen wird, spricht man von ihrer **Initialisierung**.

Wie erwähnt kann sich der Wert einer Variablen während der Ausführung eines Programms ändern. In folgendem Beispiel wird in der Variablen `meineZahl` zuerst der Wert 4 gespeichert, der dann in einer weiteren Zeile mit dem Wert 6 überschrieben wird.

	0-31		31-63		64-95		96-127
Dez	Zeichen	Dez	Zeichen	Dez	Zeichen	Dez	Zeichen
0	NUL	32	SP	64	@	96	'
1	SOH	33	!	65	A	97	a
2	STX	34	"	66	B	98	b
3	ETX	35	#	67	C	99	c
4	EOT	36	$	68	D	100	d
5	ENQ	37	%	69	E	101	e
6	ACK	38	&	70	F	102	f
7	BEL	39	'	71	G	103	g
8	BS	40	(	72	H	104	h
9	HT	41	)	73	I	105	i
10	LF	42	*	74	J	106	j
11	VT	43	+	75	K	107	k
12	FF	44	,	76	L	108	l
13	CR	45	-	77	M	109	m
14	SO	46	.	78	N	110	n
15	SI	47	/	79	O	111	o
16	DLE	48	0	80	P	112	p
17	DC1	49	1	81	Q	113	q
18	DC2	50	2	82	R	114	r
19	DC3	51	3	83	S	115	s
20	DC4	52	4	84	T	116	t
21	NAK	53	5	85	U	117	u
22	SYN	54	6	86	V	118	v
23	ETB	55	7	87	W	119	w
24	CAN	56	8	88	X	120	x
25	EM	57	9	89	Y	121	y
26	SUB	58	:	90	Z	122	z
27	ESC	59	;	91	[	123	{
28	FS	60	<	92	\	124	|
29	GS	61	=	93	]	125	}
30	RS	62	>	94	^	126	~
31	US	63	?	95	_	127	DEL

Tabelle 1.2: ASCII-Tabelle.

Dez	Zeichen	Bedeutung
8	BS	Backspace. Linkes Zeichen löschen
10	NL	New Line. Neue Zeile beginnen
32	SP	Space. Leerzeichen
127	DEL	Delete. Rechtes Zeichen löschen

Tabelle 1.3: Nicht darstellbare Zeichen der ASCII-Tabelle.

```
meineZahl = 4

# Wert von meineZahl ist 4.

meineZahl = 6

# Wert von meineZahl ist 6.
```

1.4.2 Datentyp von Variablen

Der **Datentyp** gibt an, welche Daten in einer Variablen gespeichert werden können. Programmiersprachen besitzen vordefinierte Datentypen, die sich in der Art der Interpretation der gespeicherten Daten und in der Grösse unterscheiden. Die meisten Programmiersprachen unterscheiden folgende Datentypen.

- Typ für **Zahlenwerte**
- Typ für **Zeichenwerte**
- Typ für **Wahrheitswerte** (siehe Modul 2)

Tabelle 1.4 gibt einen Überblick über die wichtigsten Datentypen, die in vielen Programmiersprachen vorkommen.

1.4.3 Datentyp von Variablen in Python

In Python muss nicht (wie bei vielen anderen Programmiersprachen) zuerst der Datentyp einer Variablen bestimmt werden. Das heisst, Sie brauchen einer Variablen (wie oben beschrieben) bloss einen Namen zu geben. Der Typ der Variablen wird später **automatisch** aus dem Typ des Werts zur Laufzeit abgeleitet.

Folgendes Beispiel zeigt eine Variable a, deren Datentyp als **Ganzzahl (Integer)**, eine Variable b, die als **Gleitkommazahl (Float)**, und eine Variable c, die als **Zeichenkette**

Typ	Beschreibung	Beispiele
boolean	Wahrheitswert	True oder False
int	Ganzzahl (Integer)	108, -455
float	Gleitkommazahl	8.988, -4.69
string	Zeichenkette	"Montag", "7.9"

Tabelle 1.4: Die wichtigsten Datentypen in Python.

(String) definiert werden:

```
a = 4

# a wird als Integer definiert.

b = 0.1

# b wird als Float definiert.

c = "Montag"

# c wird als String definiert.
```

Beim Definieren von **String-Variablen** muss der Wert zwischen einem Paar von **Anführungszeichen** ("..."), die nicht ausgegeben werden, angegeben werden. Mehrere Strings können mit einem Plus-Zeichen (+) verbunden werden. So entsteht beispielsweise aus mehreren Einzelteilen ein neuer Text, der in der Variablen d abgespeichert wird:

```
d = "Hallo, " + "das " + "sind " + "mehrere " + "Wörter."
```

Auch wenn bei Python der Datentyp automatisch bestimmt wird, ist es für gewisse Aufgaben dennoch nützlich, den Datentyp zu kennen. Die Funktion type(x) gibt den Datenyp einer Variablen x zurück. Beim obigen Beispiel werden mit der Anweisung

```
print(type(a), type(b), type(c))
```

die drei Datentypen int, float und str in der Konsole angezeigt.

Der Datentyp von Variablen kann sich während der Ausführung eines Programms ändern. In folgendem Beispiel hat die Variable a zunächst den Typ Ganzzahl (Integer), wechselt dann jedoch zum Typ Gleitkommazahl (Float):

11

```
a = 1

# a wird als Integer definiert.

a = a + 0.1

# a wird als Float definiert.
```

Der Datentyp kann auch *explizit* geändert werden. In folgendem Beispiel wird der Datentyp der Variablen a zunächst als Gleitkommazahl (Float) definiert. Danach wird der Typ zu Ganzzahl (Integer) geändert und in derselben Variablen gespeichert. Dadurch ändert sich auch der Datentyp der Variablen a.

```
a = 1.9

# a wird als Float definiert.

a = int(a)

# a wird als Integer definiert. Der Wert ist nun 1.
```

1.5 Operatoren und Ausdrücke

1.5.1 Operatoren (Teil I)

Um in einem Programm Berechnungen durchführen zu können, stehen diverse **arithmetische Operatoren** zur Verfügung, die in Tabelle 1.5 gezeigt sind.

Weitere Operatoren (logische und Vergleichsoperatoren) lernen Sie in Modul 2 kennen.

1.5.2 Ausdrücke

Ausdrücke (*expressions*) sind in einer Programmiersprache Teil der kleinsten ausführbaren Einheiten eines Programms. Dabei handelt es sich um Verarbeitungsvorschriften, die sich aus **Variablen**, **Konstanten** und **Operatoren** zusammensetzen können und ein Resultat ergeben. Variablen und Konstanten, die mit einem Operator verknüpft werden, nennt man **Operanden**. Ein Ausdruck kann auch aus einer einzelnen Variablen bestehen.

Folgendes Beispiel zeigt einen Ausdruck, der aus einer Variablen i, einem Operator + und einer Konstanten 5 besteht. Somit sind i und 5 Operanden.

Operator	Ausdruck	Beschreibung	Liefert	Beispiel
+	a + b	Addition	Summe	$5 + 2 = 7$
-	a - b	Subtraktion	Differenz	$5 - 2 = 3$
*	a * b	Multiplikation	Produkt	$5 * 2 = 10$
/	a / b	Division	Quotient	$5 / 2 = 2.5$
//	a // b	Division	Quotient ohne Nachkommastellen	$5 // 2 = 2$
%	a % b	Modulo	Rest einer Division	$5 \% 2 = 1$
**	a ** b	Potenz	Potenzwert	$2 ** 3 = 8$

Tabelle 1.5: Arithmetische Operatoren in Python.

```
i + 5
```

Das Resultat des Ausdrucks kann wieder in einer Variablen gespeichert werden. In folgendem Beispiel nutzen wir hierzu die Variable i. Der vorherige Wert von i wird dadurch überschrieben.

```
i = i + 5
```

Da die Erhöhung einer Variable um den Wert 1 sehr oft vorkommmt, gibt es hierfür in Python folgende Kurzform:

```
i += 1
```

Die Reihenfolge, in der Ausdrücke bearbeitet werden, kann durch die Wahl des Operators und durch Klammern beeinflusst werden. Hierfür gelten die mathematischen Regeln, wie wir sie in der Schule gelernt haben, also „Klammern zuerst, dann Punkt vor Strich".

Beispiel:

```
5 * (2 + 10)
```

Die Klammern erzwingen, dass die Addition vor der Multiplikation ausgeführt wird.

1.6 Ein- und Ausgabe von Daten

Oft möchte man, dass die Benutzerin oder der Benutzer des Programms mit diesem interagieren kann. Dazu hat fast jede Programmiersprache spezielle **Ein-/Ausgabe-Funktionen**. Das bedeutet, dass die Benutzerin oder der Benutzer etwas eingeben kann (zum Beispiel über die Tastatur) oder dass das Programm eine Ausgabe macht (zum Beispiel das Resultat einer Berechnung oder einen Text).

1.6.1 Ausgabe in der Python-Konsole

Mit folgender Funktion, die wir schon weiter oben verwendet haben, kann der Text "Das Programm endet hier." in der Konsole ausgegeben werden:

```
print("Das Programm endet hier.")
```

Man möchte aber nicht immer nur vorgegebenen Text, sondern z.B. das Resultat einer Berechnung ausgeben, das in einer Variablen (z.B. meinResultat) gespeichert ist.

Folgende Funktion gibt den Wert der Variablen meinResultat in der Konsole aus:

```
print(meinResultat)
```

Innerhalb der print-Anweisung können Variablenwerte und Text mit einem **Komma** (,) verknüpft werden, die nach der Ausführung verbunden ausgegeben werden. Bei folgendem Beispiel wird der Wert der Variablen meinResulatat zusammen mit Text an die Funktion print übergeben:

```
print("Es wurde", meinResultat, "berechnet.")
```

Eine mögliche Konsolen-Ausgabe dieser print-Anweisung wäre:

```
Es wurde 78 berechnet.
```

\n fügt in einem Text einen Zeilenumbruch ein. Folgendes Beispiel

```
print("Meine\nAusgabe")
```

führt zu folgender Konsolen-Ausgabe über zwei Zeilen:

```
Meine
Ausgabe
```

Umgekehrt kann mit end die Ausgabe über mehrere Zeilen verhindert werden. Folgendes Beispiel

```
print("Meine", end='')
print("Ausgabe")
```

setzt die Texte der beiden print-Anweisungen in eine Zeile:

```
MeineAusgabe
```

1.6.2 Eingabe über die Tastatur

Es gibt kaum Programme ohne **Eingabe**. Diese kann über viele Wege erfolgen (Datenbank, Internet, etc.). Eine häufige Form der Eingabe ist über die Tastatur der Benutzerin oder des Benutzers.

In Python kann mit der Funktion input() eine **Benutzereingabe über die Tastatur** getätigt werden. Bei folgender Anweisung wird der Programmablauf solange gestoppt, wie die Benutzerin oder der Benutzer über die Tastatur eine Eingabe macht, welche mit der **Return-Taste** beendet wird.

```
a = input("Wie heissen Sie?\n")
```

Damit der User auch weiss, was er oder sie einzugeben hat, wird zuerst der String, der sich in der Klammer befindet, ausgegeben, gefolgt von einem Zeilenumbruch.

Die Funktion input() liefert immer eine Zeichenkette (String), welche in einer Variablen gespeichert werden kann. Will man für die Tastatureingabe einen anderen Datentyp, muss er explizit geändert werden.

```python
b = int(input("Wie viel möchten Sie?\n"))

# Datentyp von b soll Integer sein.

c = float(input("Was kostet das Stück?\n"))

# Datentyp von c soll Float sein.
```

Selbstständiger Teil

1.7 Überblick

Der selbstständige Teil dieses Moduls besteht aus zwei Teilen:

- Teil A: Geldautomat
- Teil B: Verschlüsselungsprogramm

1.8 Teil A: Geldautomat

1.8.1 Einführung

Bei dieser Aufgabe geht es um das Speichern und Überschreiben von Werten in Variablen. Zudem kommen zwei verschiedene Divisions-Operatoren zum Einsatz.

1.8.2 Aufgabenstellung

In dieser Aufgabe sollen Sie einen Geldautomaten simulieren. Die Kundin oder der Kunde soll eingeben können, wie viel Geld er oder sie abheben möchte. Der Geldautomat soll dann berechnen, wie viele und welche Banknoten (100er, 50er, 20er und 10er) er ausgeben soll. Die Anzahl der verwendeten Variablen soll möglichst klein gehalten werden, indem sie wiederverwendet werden.

So könnte beispielsweise die Ausgabe für den Betrag 571 aussehen:

```
WILLKOMMEN BEI DER BANK IHRES VERTRAUENS
*******************************************
Wie viel möchten Sie abheben? 571
Eingegebener Geldbetrag: 571 Fr.
Bitte warten...
Sie haben erhalten:
100er 5
50er 1
20er 1
10er 0
Rest: 1
```

1.8.3 Zwischenschritte

- Erstellen Sie eine **Benutzereingabe** für einen beliebigen Geldbetrag und speichern Sie den Wert in einer Variablen.

> **Hinweis**: Beachten Sie den Datentyp.

- Geben Sie den eingegebenen Gelbetrag in der Konsole aus.
- Berechnen Sie, wie viele **100er-Noten** herausgegeben werden sollen und geben Sie den Wert auf dem Bildschirm aus.

> **Hinweis**: Beachten Sie den Divisions-Operator.

- Berechnen Sie den Restwert.

> **Hinweis**: Beachten Sie den Divisions-Operator.

- Berechnen Sie analog zu den 100er-Noten die **Anzahl aller anderen Banknoten** (50er, 20er und 10er-Noten) und geben Sie die Resultate am Bildschirm aus.

> **Tipp:** Kopieren Sie den Anweisungsblock für die 100er-Noten und ändern Sie ihn für die anderen Noten ab.

1.8.4 Erweiterungen

Hinweis: Für diese Erweiterungen benötigen Sie **Bedingungsprüfungen**, die erst im nächsten Modul ausführlich behandelt werden.

Bedingte Programmausführung

Syntax: Die Anweisungen werden nur ausgeführt, wenn die Bedingung zutrifft:

```
if Bedingung:
    Anweisungen
```

Beachten Sie die korrekte Einrückung (z.B. mit der Tab-Taste).

- Überprüfen Sie nach der Eingabe des Geldbetrags, ob abgerundet werden muss und informieren Sie den Kunden über den tatsächlich ausbezahlten Betrag.

- Lassen Sie nur die Banknotenarten anzeigen, die ausgegeben werden.

- Nehmen Sie an, dass nur ein bestimmter Maximalbetrag abgehoben werden kann. Prüfen Sie deshalb, ob die gewünschte Summe des Kunden dieses Limit überschreitet und informieren Sie ihn darüber, wenn dies der Fall sein sollte.

- Es kann sein, dass der Kunde gerne etwas kleinere Noten haben möchte. Fragen Sie ihn deshalb danach (z.B. mit 0=nein, 1=ja), ob er gemischte Noten wünscht. Überlegen Sie sich zuerst, wie Sie die Noten zusammenstellen wollen. Ändern Sie danach das Programm entsprechend.

1.9 Teil B: Verschlüsselung

Bei dieser Aufgabe werden Sie zwei Programme schreiben, um den Umgang mit Variablen und Datentypen zu üben:

- Programm zum **Verschlüsseln** eines Zeichens mit einem Chiffrierschlüssel
- Programm zum **Entschlüsseln** eines Zeichens mit einem Chiffrierschlüssel

1.9.1 Einführung

Verschlüsselung nennt man den Vorgang, bei dem ein **Klartext** mit Hilfe eines **Verschlüsselungsverfahrens** in einen Geheimtext (d.h. eine „unleserliche", schwer zu interpretierende Zeichenfolge) umgewandelt wird (siehe Abbildung 1.1). Die Wissenschaft der Geheimtexte wird **Kryptologie** genannt.

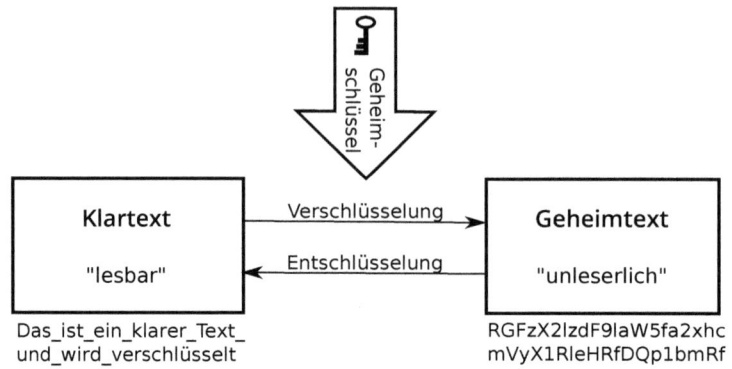

Abbildung 1.1: Durch Verschlüsselung wird mit Hilfe eines Schlüssels aus einem Klartext ein Geheimtext erzeugt.

Caesar-Verschlüsselung

Unser Chiffrierprogramm soll auf der Tatsache beruhen, dass jedem Buchstaben gemäss der ASCII-Tabelle (siehe Theorieteil) eine Zahl zugeordnet ist. Wird nun zur Verschlüsselung diese Ordnungszahl um einen bestimmten Wert vergrössert oder verkleinert, verschiebt man sie in der ASCII-Tabelle um den jeweiligen Wert. Diese Verschlüsselungsart funktioniert ähnlich wie die *Caesar-Verschlüsselung*, eines der einfachsten aber auch unsichersten Verschlüsselungsverfahren.

1.9.2 Aufgabenstellung

Unser Verschlüsselungsprogramm soll aus folgenden **drei Teilen** bestehen:

1. Eingabe des zu verschlüsselnden Zeichens und des Schlüssels: Hier sollen das zu **verschlüsselnde Zeichen** sowie der **Schlüssel** über die Konsole frei eingegeben werden können.

Beispiel:

```
Zeichen? A
Schluessel? 5
```

2. Verschlüsselung: Hier soll die **Verschlüsselung** stattfinden, indem das eingegebene Zeichen um den eingegebenen Schlüsselwert in der ASCII-Tabelle verschoben wird.

Beispiel:

- *An welcher Stelle der ASCII-Tabelle befindet sich das eingegebene Zeichen?* Bei der Eingabe von A wäre das Resultat beispielsweise 65.
- Der eingegebene Schlüssel (z.B. 5) wird vom Resultat des ersten Schritts (hier also 65) subtrahiert: 65−5=60.
- *Welches Zeichen befindet sich in der ASCII-Tabelle an der neuen Stelle?* An der 60. Stelle befindet sich folgendes Zeichen: <.

3. Ausgabe des verschlüsselten Zeichens: Hier soll das verschlüsselte Zeichen in der Konsole ausgegeben werden.

Beispiel:

```
A wird zu <
```

1.9.3 Zwischenschritte

- Erstellen Sie eine **Benutzereingabe** für das **zu verschlüsselnde Zeichen** und den **Schlüssel**.

> **Hinweis**: Beachten Sie den Datentyp. In Python ist ein Zeichen ein String der Länge eins.

- Führen Sie die **Verschlüsselung** durch. Diese geschieht in drei Schritten:

1. Bestimmen Sie die Ordnungszahl des eingegebenen Zeichens in der ASCII-Tabelle und speichern Sie das Resultat in einer weiteren Variablen.

> **Ordnungszahl eines Zeichens in der ASCII-Tabelle bestimmen**
>
> So können Sie in Python ein Zeichen in die Ordnungszahl in der ASCII-Tabelle übersetzen:
>
> ```
> ord(zeichen)
> ```

2. "Verschieben" Sie die Ordnungszahl aus Schritt 1 um den eingegebenen Schlüssel (z.B. mit einer Subtraktion) und speichern Sie das Resultat in einer neuen Variablen.

3. Bestimmen Sie aus dem Resultat des 2. Schritts das entsprechende Zeichen in der ASCII-Tabelle.

- Schreiben Sie eine **Bildschirmausgabe** unter Angabe der Eingabewerte.
- Testen Sie Ihr Programm, indem Sie folgendes Wort entschlüsseln:
  - **Wort:** <XVVN[
  - **Schlüssel:** 23

Hinweis: Ihr Programm muss dazu sechs Mal ausgeführt werden.

1.9.4 Erweiterungen

Hinweis: Für die Umsetzung dieser Erweiterungen benötigen Sie Konzepte aus den Modulen 2 und 3.

Einzelne Zeichen eines Strings

Bei einer String-Variablen mit dem Namen zeichen ist zeichen[i] das i-te Zeichen, wobei zeichen[0] das erste und zeichen[1] das zweite Zeichen ist.

for-Schleife

Syntax: Die Anweisung print(i) wird drei Mal mit den i-Werten 0, 1 und 2 ausgeführt:

```
for i in range (0,3):
    print(i)
```

Beachten Sie die korrekte Einrückung (z.B. mit der Tab-Taste).

- Mit welchen Strategien könnte die Sicherheit dieser Verschlüsselung erhöht werden?
- Wie können Sie bei der Verschlüsselung eine runde Chiffrierscheibe abbilden? Das heisst, es können nur Grossbuchstaben eingegeben werden und das verschlüsselte Resultat besteht ebenfalls nur aus Grossbuchstaben.
- Ändern Sie Ihr Chiffrierprogramm so ab, dass Sie ganze Wörter und Texte verschlüsseln können.

1.10 Bedingungen für die Präsentation

Führen Sie einer Assistentin oder einem Assistenten Ihre beiden Programme (Geldautomat und Verschlüsselung) am Bildschirm oder in ausgedruckter Form vor.

Überlegen Sie sich, wie Sie einem Laien folgende Fragen erklären würden:

- Wie werden in einem Python-Programm Variablen verwendet?
- Was sind Datentypen?
- Wie funktioniert Ihre Verschlüsselung? Wie schätzen Sie die Sicherheit dieser Verschlüsselungsart ein?

Die Begriffe dieses Moduls sollten Sie mit einfachen Worten erklären können.

www.et.ethz.ch

Programmieren mit Python Modul 2

Kontrollstrukturen und Logik

Theorieteil

Autoren:

Lukas Fässler, Markus Dahinden, Dennis Komm, David Sichau

Begriffe

Anweisungsblock	Verzweigung
Anweisungskopf	for-Schleife
Anweisungskörper	while-Schleife
logische Operatoren	
Wahrheitswert	geschachtelte Schleife
relationale Operatoren	Ausnahmebehandlung

Theorieteil

2.1 Modulübersicht

Ein Algorithmus, der als Programm formuliert ist, besteht in der Regel aus mehreren Anweisungen. Diese Anweisungen werden in einer von der Programmiererin oder dem Programmierer festgelegten Reihenfolge abgearbeitet. Diese Abfolge verläuft selten linear. Oft kommt es vor, dass sich eine Programmsequenz (Folge von Anweisungen) in zwei oder mehrere Programmsequenzen verzweigt, wobei jede einzelne Sequenz nur unter bestimmten Bedingungen ausgeführt wird (**Verzweigung**). Um einen Algorithmus zu vereinfachen, werden oft bestimmte Programmsequenzen wiederholt ausgeführt (**Schleifen**). Mit Hilfe von **Kontrollstrukturen**, die in den meisten Programmiersprachen vorkommen, kann der Programmablauf beeinflusst werden. Die Entscheidung, wie der Ablauf gesteuert wird, muss in **Bedingungen** formuliert werden.

2.1.1 Anweisungen und Blöcke in Python

Wie bereits im ersten Modul erwähnt, stehen in Python in der Regel einzelne Anweisungen in je einer Zeile. Mehrere Anweisungen können in einem **Anweisungsblock** zusammengefasst werden.

Viele Programmiersprachen verwenden zur Markierung von Anweisungsblöcken bestimmte Schlüsselwörter (z.B. `begin... end`) oder Klammern `{...}`. In Python werden zur Strukturierung von Programmen die Anweisungen mit der **Tabulator-Taste** oder durch **Leerzeichen eingerückt**.

Die Ausführung von Blöcken kann durch Kontrollstrukturen (z.B. Verzweigungen oder Schleifen) gesteuert werden. Diese Kontrollstrukturen bestehen aus einem **Kopf** (*head*) und einem **Körper** (*body*). Der Anweisungskopf wird mit einem **Doppelpunkt** (`:`) am Ende der Zeile markiert:

```
Anweisungskopf:
    # Beginn Anweisungskörper
    Anweisung 1
    Anweisung 2
    # Ende Anweisungskörper
```

Bei folgendem Programm wird der Anweisungsblock 1 durch einen Anweisungsblock 2 unterbrochen:

```
# Beginn Anweisungsblock 1
Anweisungskopf 1:
  Anweisung

  # Beginn Anweisungsblock 2
  Anweisungskopf 2:
    Anweisung
  # Ende Anweisungsblock 2

  # Fortsetzung des Anweisungsblocks 1
  Anweisung

# Ende Anweisungsblock 1
```

2.2 Operatoren (Teil II)

Die **arithmetischen Operatoren** sind bereits in Modul 1 beschrieben worden. Im Zusammenhang mit Kontrollstrukturen kommen **logische und relationale Operatoren** zum Einsatz.

2.2.1 Relationale Operatoren

Relationale Operatoren werden gebraucht, um Werte (Operanden) miteinander zu vergleichen. Sie liefern ein logisches Ergebnis **wahr** (engl. *true*) oder **falsch** (engl. *false*). Werte, die mit relationalen Operatoren verknüpft sind, nennt man in der Aussagenlogik auch **Elementaraussagen**.

Die relationalen Operatoren in Python sind in Tabelle 2.1 zusammengefasst.

2.2.2 Logische Operatoren

Logische Operatoren verknüpfen Elementaraussagen miteinander. Dabei werden **Wahrheitswerte** miteinander verglichen. Das Ergebnis ist ebenfalls ein **Wahrheitswert**, also **wahr** (*true*) oder **falsch** (*false*). Da dies die Operanden der Booleschen Aussagenlogik sind, heisst deren Datentyp **Boolean**.

Die in Python verwendeten logischen Operatoren sind in Tabelle 2.2 dargestellt.

Operator	Ausdruck	Beschreibung	Liefert wahr (True), wenn...
>	a > b	grösser als	a grösser ist als b.
<	a < b	kleiner als	a kleiner ist als b.
==	a == b	gleich	a und b denselben Wert haben.
!=	a != b	ungleich	a und b ungleiche Werte haben.
>=	a >= b	grösser oder gleich	a grösser oder gleich b ist.
<=	a <= b	kleiner oder gleich	a kleiner oder gleich b ist.

Tabelle 2.1: Relationale Operatoren in Python.

Operator	Ausdruck	Liefert wahr (True), wenn...
not	not a	a falsch ist (NOT).
and	a and b	sowohl a als auch b wahr sind (AND).
or	a or b	mindestens a oder b wahr sind (OR).

Tabelle 2.2: Logische Operatoren in Python.

2.3 Verzweigungen

Verzweigungen überprüfen einen Zustand des Programms. Je nachdem, ob eine bestimmte Bedingung erfüllt ist oder nicht, fährt das Programm mit unterschiedlichen Blöcken von Anweisungen fort. Verzweigungen werden in Python, so wie in vielen anderen Programmiersprachen auch, mit dem Schlüsselwort `if` eingeleitet. Die Bedeutung des `if` ist analog zur englischen Sprache.

If it is raining, then I will take the bus, otherwise I will walk.

Dies könnte in Python wie folgt geschrieben werden:

```
if rain == True:
    bus
else:
    walk
```

Falls die Bedingung `rain` wahr (`True`) ist, wird der Block mit der Anweisung `bus` ausgeführt, andernfalls wird der Block mit der Anweisung `walk` ausgeführt.

Mit einer if-Anweisung kann zur Laufzeit entschieden werden, ob eine Anweisung oder ein Anweisungsblock ausgeführt werden soll oder nicht. Um Bedingungen zu formulieren, können sowohl Boolesche Variablen, Relationen wie Gleichheit, grösser oder kleiner als auch logische Operatoren verwendet werden.

Je nachdem wie viele Fälle zu unterscheiden sind, ist eine **einseitige, zweiseitige** oder **mehrstufige Verzweigung** zu wählen.

2.3.1 Einseitige Verzweigung: Bedingte Programmausführung

Eine **einseitige Verzweigung** besteht aus einer Bedingungsabfrage und einem Anweisungsblock, welcher ausgeführt wird oder nicht.

Schreibweise:

```
if Bedingung:
    Anweisungsblock
```

Beispiel:

```
if rain == True:
    print("Es regnet.")
```

Der Satz "Es regnet." wird nur ausgegeben, wenn die Variable rain den Wert True hat.

2.3.2 Zweiseitige Verzweigung

Bei einer **zweiseitigen Verzweigung** kann zusätzlich angegeben werden, was im anderen Fall (else), wenn die Bedingung also nicht zutrifft, ausgeführt werden soll.

Schreibweise:

```
if Bedingung:
    Anweisungsblock1
else:
    Anweisungsblock2
```

Beispiel:

```python
if rain == True:
    print("Es regnet.")
else:
    print("Es regnet nicht.")
```

Hat die Variable `rain` den Wert `True`, wird der Satz `"Es regnet."` ausgegeben, im anderen Fall (`False`) wird der Satz `"Es regnet nicht."` ausgegeben.

2.3.3 Mehrstufige Verzweigungen

Mit einer **mehrstufigen Verzweigung** können mehrere Vergleiche gemacht werden. Das kann nötig sein, wenn Sie unterschiedliche Möglichkeiten in einer bestimmten Reihenfolge prüfen möchten.

Schreibweise:

```python
if Bedingung1:
    Anweisungsblock1

elif Bedingung2:
    Anweisungsblock2

elif Bedingung3:
    Anweisungsblock3

else:
    Anweisungsblock4
```

Beispiel:

```python
if rain == True:
    print("Es regnet.")

elif snow == True:
    print("Es regnet nicht, aber es schneit.")

elif sun == True:
    print("Es scheint die Sonne.")

else:
    print("Die Wetterlage ist unklar.")
```

Hat die Variable rain den Wert True, wird wieder der Satz "Es regnet." ausgegeben. Hat sie hingegen den Wert False, wird als nächstes die Variable snow geprüft. Hat snow den Wert True, wird der Satz "Es regnet nicht, aber es schneit." ausgegeben. Hat snow den Wert False, wird als nächstes die Variable sun geprüft. Hat sun den Wert True, wird der Satz "Es scheint die Sonne." ausgegeben. Hat sun auch den Wert False, wird der Satz "Die Wetterlage ist unklar." ausgegeben.

2.4 Schleifen (Loops)

Mit Hilfe von **Schleifen** (engl. *loops*) können dieselben Anweisungen wiederholt ausgeführt werden. Wie in anderen Programmiersprachen gibt es auch in Python verschiedene Schleifenarten. Eine Schleife besteht aus einem Schleifenkopf und einem Schleifenkörper. Der Schleifenkörper enthält den zu wiederholenden Anweisungsblock. Der Schleifenkopf steuert die Schleife. Er gibt an, wie oft oder unter welchen Bedingungen die Anweisungen des Schleifenkörpers wiederholt werden sollen.

2.4.1 for-Schleifen

Bei der zählergesteuerten **for-Schleife** wird im Schleifenkopf eine **Laufvariable** in einem **Bereich** (*range*) von einem **Startwert** bis zu einem **Endwert** durchgezählt.

Schreibweise:

```
for laufvariable in range(Anfangswert, Endwert):
    Anweisung
```

Beispiel: Folgende Anweisung gibt die Werte 0 bis 4 am Bildschirm aus:

```
for i in range(0, 5):
    print(i)
```

Zunächst wird die Laufvariable i auf den Anfangswert 0 gesetzt, der Schleifenkörper durchlaufen und i um 1 erhöht. Dann wird der Schleifenkörper erneut durchlaufen und i wieder um 1 erhöht. Die Laufvariable i durchläuft so den Bereich (*range*) von 0 (einschliesslich) bis 5 (ausschliesslich).

Da der Anfangswert häufig auf 0 gesetzt wird, kann er in der Anweisung auch weggelassen werden. Folgende Schreibweise ergibt somit dieselbe Bildschirmausgabe:

```
for i in range(5):
    print(i)
```

Optional kann range noch um eine **Schrittgrösse** ergänzt werden. Folgendes Programm gibt die Werte 2, 4, 6, 8 am Bildschirm aus:

```
for i in range(2, 10, 2):
    print(i)
```

2.4.2 while-Schleifen

Es ist nicht immer vorhersehbar, wie oft Anweisungen wiederholt werden müssen, da die Anzahl der Wiederholungen von dem abhängen kann, was im Schleifenkörper passiert. Hier geraten wir bei zählergesteuerten Schleifen an eine Grenze. Bei **bedingungsabhängigen Schleifen** wird die Anzahl der Wiederholungen nicht von einem Zähler, sondern von einer **Bedingung** abhängig gemacht.

Bei der **while-Schleife** wird im Schleifenkopf eine **Bedingung** geprüft. Ist die Bedingung wahr (True), wird der Schleifenkörper ausgeführt. Ist die Bedingung falsch (False), wird die Schleife abgebrochen und die Anweisungen des Schleifenkörpers werden nicht mehr ausgeführt. Hierbei ist wichtig, dass die Bedingung nach jeder Ausführung des Schleifenkörpers erneut überprüft wird. Innerhalb des Schleifenkörpers müssen sich Werte so verändern, dass die Bedingung nicht mehr erfüllt ist (**Aktualisierung**). Sonst droht eine Endlosschleife, was der Definition eines Algorithmus widerspricht (ein Algorithmus muss seine Arbeit immer beenden, siehe Modul 1).

Schreibweise:

```
Initialisierung der Variablen
while Bedingung:
    Anweisungsblock
    Aktualisierung
```

Beispiel: Folgende Anweisung gibt die Werte 1 bis 4 am Bildschirm aus:

```
i=1
while i<5:
    print(i)
    i=i+1
```

Zunächst wird eine Variable i initialisiert und auf 1 gesetzt. Zu Beginn der Schleife wird geprüft, ob i kleiner ist als 5. Ist dies der Fall (True), wird der Schleifenkörper ausgeführt. Ist dies nicht der Fall (False), wird die Schleife abgebrochen. Die Variable i wird innerhalb des Schleifenkörpers jedes Mal um 1 erhöht.

2.4.3 Verschachtelte Schleifen

Beim Programmieren kommt es oft vor, dass **zwei Schleifen ineinander verschachtelt** werden (*nested loops*). Das hat zur Folge, dass eine äussere Schleife eine innere steuert.

Dies kann wie folgt dargestellt werden:

```
Aeussere Schleife:
    Innere Schleife:
        Anweisungsblock
```

Beispiel: Eine Analogie zu den geschachtelten Schleifen findet man bei unserer Erde, die sich um die Sonne dreht. Eine Umkreisung in einem Jahr wäre mit der äusseren Schleife vergleichbar, und eine Drehung der Erde um die eigene Achse innerhalb eines Tages wäre mit der inneren Schleife vergleichbar.

Ein Programm zur Anzeige von Tagen und Stunden eines Jahres (das kein Schaltjahr ist) könnte in Python mit folgender geschachtelter Schleife geschrieben werden:

```
for tage in range (1,366):
    for stunde in range (0,24):
        print (tage, stunde)
```

Die ersten drei Ausgaben lauten:

```
1 0
1 1
1 2
...
```

Die letzten drei Ausgaben lauten:

```
...
365 21
365 22
365 23
```

2.5 Ausnahmebehandlung

Sobald bei einem Python-Programm ein Fehler auftritt, wird es beendet. In Python kann ein Fehler ein Syntaxfehler (*syntax error*) oder ein Ausnahmefehler (*exception error*) sein. Ein Syntaxfehler passiert,wenn gegen die Regeln der Sprache verstossen wird.

Beispiel:

```
for i in range(1,4))

# Fehlermeldung:
# SyntaxError: invalid syntax
```

Ein Ausnahmefehler tritt auf, wenn ein syntaktisch korrekter Code trotzdem zu einer Fehlermeldung führt.

Beispiel:

```
x = int(input("Gib eine Ganzzahl ein: "))
# Eingabe: 0.5

# Fehlermeldung:
# ValueError: invalid literal for int()
```

Der try and except Block in Python wird verwendet, um **Ausnahmen abzufangen** und **zu behandeln**. Python führt Code nach dem Try-Block als "normalen" Teil des Programms aus. Der Code im except-Block ist die Antwort des Programms auf alle Ausnahmen.

Beispiel:

```
try:
    x = int(input("Gib eine Ganzzahl ein:\n"))
except ValueError:
    print("Fehleingabe! Das ist keine Ganzzahl")
    x = 0
print("Wert von x:", x)

# Gib eine Ganzzahl ein: 0.5
# Fehleingabe! Das ist keine Ganzzahl
# Wert von x: 0
```

Selbstständiger Teil

2.6 Überblick

Der selbstständige Teil dieses Moduls besteht aus drei Teilen:

- Teil A: Zahlen raten
- Teil B: Notenprogramm
- Teil C: Pokern

2.7 Teil A: Zahlen raten

2.7.1 Einführung

Bei dieser Aufgabe ist ein Spiel umzusetzen, bei dem sich eine Spielerin oder ein Spieler eine Zahl ausdenkt und die oder der andere diese Zahl erraten muss.

2.7.2 Programmanforderungen

Eine Spielerin oder ein Spieler soll wiederholt raten, bis sie oder er eine festgelegte Zahl erraten hat. Bei jedem Rate-Versuch soll angegeben werden, ob die gesuchte Zahl grösser oder kleiner ist als die eingegebene Zahl. Zählen Sie dabei auch die Anzahl der Versuche mit und geben Sie diese am Ende des Spiels bekannt.

So könnte Ihre Ausgabe aussehen (zu erratende Zahl: 58):

```
Geben Sie eine Ganzzahl zwischen 1 und 100 ein! 4
zu klein
Geben Sie eine Ganzzahl zwischen 1 und 100 ein! 94
zu gross
Geben Sie eine Ganzzahl zwischen 1 und 100 ein! 58
erraten!
3 Mal geraten
```

2.7.3 Zwischenschritte

- Legen Sie eine Zahl fest, die erraten werden soll, oder lassen Sie die Zahl von einer Person über die Konsole eingeben.
- Setzen Sie eine Boolean-Variable auf den Wert `False`.
- Schreiben Sie den Schleifenkopf, welcher als Bedingung die Boolean-Variable enthält.
- Schreiben Sie den Code für die Eingabe einer Zahl.
- Prüfen Sie die eingegebene Zahl und teilen Sie dem Spielenden mit, ob sie zu klein oder zu gross ist.
- Schreiben Sie die Anweisungen, die ausgeführt werden sollen, falls die Zahl erraten wurde.

2.7.4 Erweiterungen

- Führen Sie für die Eingabe der Zahl eine Ausnahmebehandlung ein.
- Wenn die eingegebene Zahl grösser als 100 oder kleiner als 0 ist, dann soll sie nicht verglichen werden. Stattdessen soll eine Fehlermeldung ausgegeben werden, dass diese Zahl nicht im Suchbereich liegt.
- Wie könnte das Programm zum Erraten von Buchstaben abgeändert werden?
- Wie können Sie auch das Raten automatisieren?
- Überlegen Sie sich, welche die schnellste Ratestrategie ist. Begründen Sie Ihre Antwort.

2.8 Teil B: Notenprogramm

2.8.1 Einführung

Bei dieser Aufgabe schreiben Sie ein Programm, bei dem der User beliebig viele Schulnoten eingeben kann. Die Noteneingabe endet, sobald ein bestimmter Wert (z.B. 0) eingegeben wird. Anschliessend wird der Durchschnitt der eingegebenen Noten berechnet und angezeigt.

2.8.2 Programmanforderungen

Angenommen Sie möchten den Durchschnitt aus den beiden Noten 5 und 4 berechnen lassen. Hierfür müssen die beiden Notenwerte eingegeben werden. Durch die 3. Eingabe 0 wird der Eingabeteil abgeschlossen und der Durchschnitt (4.5) ausgerechnet.

So könnte Ihre Ausgabe aussehen:

```
Erste Note: 5
Zur Berechnung des Durchschnitts geben Sie 0 ein!
Weitere Note: 4
Zur Berechnung des Durchschnitts geben Sie 0 ein!
Weitere Note: 0
Durchschnitt:  4.5
```

2.8.3 Zwischenschritte

- Schreiben Sie die Noteneingabe für eine Note und speichern Sie den eingegebenen Wert in einer Variable.

> **Hinweis:** Beachten Sie den Datentyp.

- Konstruieren Sie eine While-Schleife zur Eingabe aller Noten.

> **Tipp:** Eine Möglichkeit besteht darin, so lange nach Noten zu fragen, wie ein definierter Wert (z.B. 0 oder 9) *nicht* eingegeben wird.

- Führen Sie weitere Variablen für die Berechnung des Durchschnitts (nächster Schritt) ein.

> **Tipp:** Es empfiehlt sich zu Testzwecken die Variablenwerte bei jedem Schleifendurchgang anzuzeigen. So werden Sie Berechnungsfehler schneller erkennen und beheben können.

- Berechnen Sie den Durchschnitt und geben Sie das auf zwei Stellen gerundete Resultat am Bildschirm aus.

2.9 Teil C: Pokern

2.9.1 Einführung

Beim Poker-Spiel erhält jede Spielerin und jeder Spieler fünf Karten, die als *Hand* bezeichnet werden (siehe Beispiel in Abbildung 2.1).

Abbildung 2.1: Beispiel einer Hand beim Pokern.

Die vier Farben sind *Herz*, *Karo*, *Pik* und *Kreuz*. Die 13 Werte sind *2* bis *10*, *Junge (J, 11)*, *Dame (Q, 12)*, *König (K, 13)* und *Ass (A, 14)*.

Eine Hand wird nach der Höhe der Karten-Kombination bewertet. In Tabelle 2.1 sind die Wertigkeiten verschiedener Hände der Reihe nach geordnet. Eine Hand mit einer höheren Wertigkeit schlägt jedes Blatt mit einer niedrigeren Wertigkeit.

2.9.2 Ausgangssituation und Programmanforderungen

Bei dieser Aufgabe müssen Sie nicht den ganzen Code von Grund auf neu schreiben. Sie erhalten einen Ausgangs-Code **poker.py** (zu finden in den Modulunterlagen unter www.et.ethz.ch), den Sie im Folgenden erweitern werden.

Was das Programm schon kann

Beim vorgegebenen Programm können Sie bereits fünf Karten einer Hand eingeben (absteigend sortiert).

Beispiel:

```
Sie haben eingegeben:
Karte 1 (Wert|Farbe):   12 1
Karte 2 (Wert|Farbe):    9 3
Karte 3 (Wert|Farbe):    8 2
Karte 4 (Wert|Farbe):    7 3
Karte 5 (Wert|Farbe):    4 4
```

Dies würde der Hand in Abbildung 2.1 entsprechen.

Name	Bedeutung	Beispiel
Royal Flush	Strasse vom Ass abwärts in einer Farbe	
Straight Flush	Strasse in einer Farbe	
Four of a Kind	Vierling (4 Gleiche)	
Full House	ein Drilling (3 Gleiche) und ein Paar (2 Gleiche)	
Flush	fünf Karten von einer Farbe	
Straight	Strasse: 5 Karten in einer Reihe (nicht gleiche Farbe)	
Three of a Kind	Drilling (3 Gleiche)	
Two Pairs	zwei Paare: 2 mal 2 Karten mit dem gleichen Wert	
One Pair	ein Paar: 2 Karten mit dem gleichen Wert	

Tabelle 2.1: Wertigkeiten verschiedener Hände beim Pokern.

Was das Programm noch nicht kann

Ihre Aufgabe besteht nun darin, das Programm so zu erweitern, dass es aufgrund der eingegebenen fünf Karten der Hand automatisch ausgibt, welche Karten-Kombination der Spieler hat.

Beispiel:

```
Sie haben eingegeben:
Karte 1 (Wert|Farbe):   12 2
Karte 2 (Wert|Farbe):   11 2
Karte 3 (Wert|Farbe):   10 2
Karte 4 (Wert|Farbe):   9 2
Karte 5 (Wert|Farbe):   7 2

Sie haben FLUSH
```

Programmieren Sie mindestens die Erkennung von fünf Poker-Blättern.

2.9.3 Zwischenschritte

- Laden Sie die Datei **poker.py** auf Ihren Rechner und öffnen Sie den Ausgangs-Code in Ihrer Programmierumgebung.
- Studieren Sie den Ausgangs-Code. Geben Sie ein paar Kartenkombinationen ein.
- Programmieren Sie die Erkennung der Kartenkombinationen.

> **Tipp:** Überlegen Sie sich, welche Poker-Hände ähnliche Eigenschaften (z.B. die gleiche Farbe) aufweisen, um den Programmieraufwand möglichst klein zu halten.

2.9.4 Erweiterungen

- Überprüfen Sie, ob die Spielerin oder der Spieler die Karten tatsächlich der Grösse nach absteigend eingegeben hat.
- Wie könnten die Karten absteigend der Reihe nach sortiert werden?

2.10 Bedingungen für die Präsentation

Führen Sie einer Assistentin oder einem Assistenden Ihre Programme (Zahlen raten, Notenprogramm und Poker) am Bildschirm oder in ausgedruckter Form vor.

Überlegen Sie sich, wie Sie einem Laien folgende Fragen erklären würden:

- Wie unterscheiden sich for- und while-Schleifen? Für welche Problemstellungen würden Sie welche Schleifenart einsetzen?
- Welche Rolle nimmt der Datentyp Boolean bei Fallunterscheidungen und Schleifen ein?
- Was ist der Unterschied zwischen a=4 und a==4?
- Welche Arten von Fehlermeldungen können unterschieden werden?

Die Begriffe dieses Kursmoduls sollten Sie mit einfachen Worten erklären können.

Programmieren mit Python Modul 3

Arrays, Such- und Sortieralgorithmen, Simulationen

Theorieteil

Autoren:

Lukas Fässler, David Sichau

Begriffe

Array	Listen-Abstraktion
Index	Modell
Dimension	Simulation
Listen	
Tupel	Parameter
Listen-Durchlauf	Suchalgorithmus
Listen-Bereich	Sortieralgorithmus

Theorieteil

3.1 Modulübersicht

Dieses Modul befasst sich mit folgenden drei Themenbereichen:

1. **Datenstruktur für zusammengehörige Werte**: Sie haben bis hierhin als einzige Datenstruktur Variablen verwendet. Damit kann jeweils nur ein Wert gespeichert werden. Um mehrere zusammengehörige Werte unter einem gemeinsamen Bezeichner ablegen zu können, kommen in allen Programmiersprachen spezielle Datenstrukturen zum Einsatz. Nach einer allgemeinen Einführung zu **Arrays** werden die beiden sequentiellen Datenstrukturen in Python **Listen** und **Tupel** eingeführt.

2. **Such- und Sortieralgorithmen**: Das Suchen in gesammelten Daten und das Sortieren von Daten sind zwei der häufigsten Aufgaben, mit denen eine Programmiererin oder ein Programmierer konfrontiert ist. In dieser Einführung erfahren Sie, wie die populärsten Vertreter der Such- und Sortieralgorithmen funktionieren.

3. **Modelle und Simulationen in der Wissenschaft**: In diesem Modul sollen Sie Ihre Programmierkenntnisse einsetzen, um Modelle aus der Biologie als Simulationen umzusetzen. In diesem Dokument finden Sie eine allgemeine Einführung über Sinn und Zweck von Modellen und Simulationen in der Wissenschaft.

3.2 Arrays

Oft werden beim Programmieren **zusammengehörige Daten** verwendet (z.B. Temperaturen, Lottozahlen, Termine, Trainingszeiten, etc.). Eine Möglichkeit, eine zusammengehörige Gruppe von Elementen abzuspeichern, bieten in allen modernen Programmiersprachen die **Arrays** (*Reihe*, *Felder*). Auf diese Weise muss nicht für jedes Element eine eigene Variable deklariert werden, sondern sie können alle unter einem Bezeichner gespeichert werden.

3.2.1 Eindimensionale Arrays

Eindimensionale Arrays sind die einfachste Form von Arrays. Sie bestehen aus einer geordneten Menge von n Elementen. Die Elemente können über einen sogenannten

Index angesprochen werden. Dieser gibt die Position eines Elements im Array an. In vielen Programmiersprachen hat dabei das **erste Element** den **Index 0**, das zweite den Index 1 und das letzte den Index $n - 1$ (siehe Beispiel in Tabelle 3.1).

Index	0	1	2	3	4	5
Wert	12	13	15	17	23	32

Tabelle 3.1: Beispiel für ein eindimensionales Array mit sechs Elementen.

3.2.2 Zwei- und mehrdimensionale Arrays

Besteht ein Element eines Arrays selbst wieder aus einem Array, entsteht ein **zweidimensionales Array**. Man kann es sich als Tabelle mit m mal n Elementen vorstellen, die jeweils über zwei Indizes angesprochen werden (siehe Beispiel in Tabelle 3.2).

Index	0	1	2	3	4	5
0	12	13	15	17	23	39
1	14	53	45	87	27	62
2	22	33	17	19	83	32

Tabelle 3.2: Beispiel für ein zweidimensionales Array mit drei mal sechs Elementen.

3.3 Sequenzielle Datenstrukturen in Python

Python unterscheidet die beiden sequenziellen Datenstrukturen **Listen** (*list*) und **Tupel** (*tuple*). In Python werden häufig so genannte *numpy*-Arrays verwendet. Diese sind Teil eines späteren Moduls.

3.3.1 Listen

In Python erzeugt man **Listen**, indem Werte in **eckige Klammern** [] eingeschlossen und deren Elemente durch **Kommata** (,) getrennt werden.

Beispiel:

```
# Leere Liste a.

a = []

# Liste mit 3 Elementen 1, 2, 3.

a = [1,2,3]
```

Ein wesentlicher Unterschied zu Arrays anderer Programmiersprachen, besteht darin, dass die Elemente einer Liste bei Python *nicht* alle vom gleichen Datentyp sein müssen. Folgende Liste umfasst vier Elemente von drei unterschiedlichen Datentypen (String, Integer und Float).

Beispiel:

```
b = ["Freitag", 13, "März", 10.30]
```

Listen können verschachtelt sein, das heisst, sie können andere Listen als Unterlisten enthalten.

Beispiel:

```
c = [["Freitag","Samstag"], [13,14], "März", [10.30,11.30]]
```

3.3.2 Tupel

Tupel sind den Listen ähnlich. Der Unterschied besteht darin, dass Tupel im Gegensatz zu Listen *nicht* verändert werden können.

In Python erzeugt man Tupel, indem Werte in **runde Klammern** () eingeschlossen und durch **Kommata** (,) getrennt werden.

Beispiel:

```
# Leeres Tupel d.

d = ()

# Tupel mit 3 unveränderbaren Elementen 1, 2, 3.

d = (1,2,3)
```

3.3.3 Zugriff auf einzelne Elemente (Indexierung)

Auf einzelne Elemente von Listen und Tupel wird über einen **Index** (z.B. i) zugegriffen. x[i] liefert somit das Element aus der Liste x an der Position i. Es gilt zu beachten, dass die Indizes bei 0 beginnen und bei n-1 enden, wobei n der Anzahl der Elemente eines Arrays entspricht.

Beispiel:

```
# Liste e mit 3 Elementen.

e = [1,2,3]

# Aufruf des ersten Elements mit Index 0.

print(e[0])

# Resultat: 1.

# Addition zweier Elemente.

print(e[1]+e[2])

# Resultat: 5.
```

Bei Python werden beim Zugriff auf einzelne Elemente sowohl bei Listen als auch bei Tupel immer eckige Klammern gesetzt.

Beispiel:

```
# Liste f und Tupel g mit je 3 Elementen.

f = ["Freitag", 14, "März"]
g = ("Freitag", 13, "Mai")
print(f[0], f[1], f[2])
print(g[0], g[1], g[2])

# Ausgabe:
# Freitag 14 März
# Freitag 13 Mai

# Veränderung der Werte zweier Listen-Elemente.

f[0] = "Samstag"
f[1] = 15
print(f[0], f[1], f[2])

# Ausgabe:
# Samstag 15 März

# Veränderung von Tupel-Elementen führt
# zu einer Fehlermeldung.

g[0] = "Samstag"

# TypeError: tuple object does not support item assignment
```

Mit negativen Indizes kann man bei Python auch Elemente einer Liste von hinten her gezählt ansprechen. Das letzte Element hat dabei den Index -1.

Beispiel:

```
h = ["Freitag", 14, "März"]
print(h[-1], h[-2])

# Ausgabe:
# März 14
```

Um auf ein einzelnes Element einer geschachtelten Liste zuzugreifen, werden die zwei Indizes für die Zeilen- und Spaltennummer angegeben.

Beispiel:

```
# Liste i mit 2 mal 2 Elementen.

i = [[0,0],[0,0]]

# Veränderung des ersten Listen-Elements von i.

i[0][0] = 22

# Neue Speicherbelegung von i:
# [[22,0],[0,0]]
```

3.3.4 Zugriff auf Bereiche (Slicing)

Um Bereiche von Listen (Teillisten) aufzurufen, kann ein Doppelpunkt (:) verwendet werden. Alleine steht er für alle Elemente. Mit einer Zahl vor oder nach dem Doppelpunkt kann der Bereich eingegrenzt werden. Der Aufruf von Bereichen wird bei Python häufig als *Slicing* (Engl. für Ausschneiden) bezeichnet.

Beispiel:

```python
# Liste j mit 3 Elementen.

j = [1,2,3]

# Aufrufe von Listen-Bereichen mit Doppelpunkt.

print(j[:])

# Resultat: 1,2,3.

print(j[1:])

# Resultat: 2,3.

print(j[1:3])

# Resultat: 2,3.

print(j[1:-1])

# Resultat: 2.
```

3.3.5 Listen-Durchlauf mit Schleifen

Es ist üblich, zur Bearbeitung von Listen for-Schleifen zu verwenden. Der Wert der **Laufvariablen** entspricht dabei dem **Index-Wert** der Liste. Dieser Vorgang wird auch **Listen-Durchlauf** genannt.

Beispiel 1-dimensionale Liste:

```python
# Liste k mit 5 Elementen.

k = [1,2,3,4,5]

# Aufruf aller Elemente von k unter Einsatz
# einer for-Schleife (Bereich 0 bis 4).

for i in range(0,5):
    print(k[i])

# Ausgabe der 5 Listen-Elemente.
```

Erklärung: Die for-Schleife zählt von 0 bis 4. Bei jedem Schleifendurchlauf wird die Variable i als Index verwendet, um das entsprechende Listen-Element auszudrucken.

Um verschachtelte Listen iterativ zu bearbeiten, sind **geschachtelte Schleifen** mit mehreren Index-Variablen notwendig.

Beispiel 2-dimensionale Liste:

```
# Verschachtelte Liste l mit 2 mal 3 Elementen.
l = [[0,0,0],[0,0,0]]

# Zugriff auf alle 6 Listen-Elemente
# mittels geschachtelter Schleife.

for i in range (0,2):
    for j in range (0,3):
        l[i][j] = 5

# Speicherbelegung von l:
# [[5, 5, 5], [5, 5, 5]]

# Ausgabe der 2-dimensionalen Struktur in der Konsole

for i in range (0,2):
    for j in range (0,3):
        print (l[i][j], end= " ")
    print()

# Ausgabe:
# 5 5 5
# 5 5 5
```

Erklärung: Die beiden Laufvariablen i und j werden zunächst auf den Wert 0 gesetzt. Das erste Listen-Element, auf das zugegriffen wird, heisst l[0][0]. Danach wird die innere Schleife mit der Laufvariablen j durchlaufen. Die nächsten Listen-Elemente heissen l[0][1] und l[0][2]. Nach Abschluss der inneren Schleife geht es zurück in die äussere Schleife, die Laufvariable i wird auf den Wert 1 gesetzt und die innere Schleife beginnt wieder bei 0. Die weiteren Listen-Elemente heissen l[1][0], l[1][1] und l[1][2]. Um die Listen-Elemente einer 2-dimensionale Liste in der Konsole in Zeilen und Spalten anzuordnen, muss nach jedem Element mit end= " " der automatische Zeilenumbruch unterbunden und am Ende einer Zeile mit print() wieder ein Zeilenumbruch eingefügt werden.

3.3.6 Strings als Listen

Der Datentyp **String** (Zeichenketten), den Sie bereits seit Modul 1 verwenden, besteht ebenfalls aus einer geordneten Menge von Elementen; in diesem Fall beliebigen Einzelzeichen. Bei einem String kann deshalb auch auf einzelne Elemente (also einzelne Zeichen) zugegriffen werden.

Beispiel:

```
# String mit dem Namen m und der Zeichenfolge "Hallo".

m = "Hallo"

print(m[1])

# Ausgabe: a.

print(m[-1])

# Ausgabe: o.

print(m[0:3])

# Ausgabe: Hal.
```

3.3.7 Eingebaute Funktionen für Listen

Auch wenn Funktionen erst im nächsten Modul im Zentrum stehen werden, sollen an dieser Stelle die im Zusammenhang mit Listen häufig verwendeten Funktionen *len* und *enumerate* erwähnt werden.

Die Funktion len

Mit der Funktion `len()` kann die **Länge einer Liste** abgefragt werden.

Beispiel:

```
n = [1,2,3]

# Bestimmung der Länge von n.

print(len(n))

# Ausgabe:
# 3
```

Häufig wird die Funktion `len()` verwendet, um beim Durchlaufen der Liste die obere Grenze der Schleife auszurechnen. Dies hat den Vorteil, dass bei einer Änderung der Listen-Länge die Schleife nicht angepasst werden muss.

Beispiel:

```
p = [1,2,3]

# Der Endwert der for-Schleife wird durch die Funktion
# len() bestimmt.

for i in range(0,len(p)):
    print(p[i])

# Ausgabe der 3 Listen-Elemente.

# Aenderung der Listen-Länge.

p = [1,2,3,4,5,6,7,8,9,10]

# Dieser Anweisungsblock muss nicht angepasst werden.

for i in range(0,len(p)):
    print(p[i])

# Ausgabe der 10 Listen-Elemente.
```

Die Funktion enumerate

Mit der Funktion `enumerate()` kann über eine Liste "geloopt" werden. Die Funktion enthält zusätzlich einen automatischen Zähler mit beliebigem Startwert.

Beispiel:

```python
q = ["Montag", "Dienstag", "Mittwoch"]

for i, wert in enumerate(q, 1):
    print(i, ":", wert)

# Ausgabe:
# 1 : Montag
# 2 : Dienstag
# 3 : Mittwoch
```

3.3.8 Hinzufügen und Löschen von Listen-Elementen

Es gibt spezielle Methoden, um Listen neue Elemente hinzuzufügen oder Elemente zu löschen. Hier sollen beispielhaft `append`, `insert` und `pop` erwähnt werden.

Beispiel:

```
r = ["Freitag", 14, "März"]

r.append("15:33")

# Fügt der Liste am Ende ein weiteres Element hinzu.

# Ausgabe:
# Freitag 14 März 15:33

r.pop(0)

# Löscht das erste Element der Liste.

# Ausgabe:
# 14 März 15:33

r.insert(0, "Donnerstag")

# Fügt ein neues Element an die erste Stelle der Liste.

# Ausgabe:
# Donnerstag 14 März 15:33
```

3.3.9 Listen-Abstraktion

Mit **Listen-Abstraktionen** (Engl. *List Comprehension*) können mit wenig Code neue Listen erstellt und mit Daten gefüllt werden.

Eine effiziente Form, in Python grössere Listen zu erzeugen und mit einem Einheitswert (z.B. 0) zu initialisieren, lautet wie folgt:

```
meineListe = [einheitswert for x in range(anzahl)]
```

- **meineListe**: Name der Liste.
- **einheitswert**: Dieser Wert wird für alle Listen-Elemente gesetzt.
- **anzahl**: Anzahl gewünschter Listen-Elemente, resp. Listen-Länge.

Beispiel:

```
# Liste s mit 100 Elementen; alle mit Wert 0 initialisiert.

s = [0 for x in range(100)]
```

Eine aufsteigende Liste in einem definierten Bereich kann wie folgt erzeugt werden:

Beispiel:

```
# Aufsteigende Liste u von 1 bis 99.

u = [x for x in range(1,100)]
```

Listen-Werte können auch durch Formeln generiert werden.

Beispiel:

```
v = [x**2 for x in range(10)]

# Es wird folgende Liste generiert:
# [0, 1, 4, 9, 16, 25, 36, 49, 64, 81]
```

3.4 Such- und Sortieralgorithmen

Sind Daten in Arrays abgelegt, werden häufig darauf Algorithmen angewendet, die einzelne Elemente suchen oder mehrere Elemente der Reihe nach sortieren. Wir beschränken uns hier auf eine kurze Beschreibung einiger ausgewählter Vertreter, die Sie im praktischen Teil selber implementieren werden.

3.4.1 Suchalgorithmen

Es gibt verschiedene **Suchalgorithmen**, die sich in ihrem Aufbau und ihrer Effizienz unterscheiden. Die bekanntesten sind die *lineare* und die *binäre Suche*.

Lineare Suche

Bei der *linearen Suche* wird eine Menge von Elementen (z.B. ein Array in Form einer Liste) nach einem bestimmten Element durchsucht. Die Suche beginnt beim ersten Element, und die Elemente werden in der Reihenfolge durchlaufen, in der sie abgespeichert sind. Entspricht das betrachtete Element dem gesuchten Element, wird die Suche beendet, ansonsten wird weiter gesucht.

So kann zum Beispiel mit der *linearen Suche* nach dem *maximalen* Wert gesucht werden:

1. Die Position des (momentanen) Maximums wird in einer Variablen (z.B. `max`) gespeichert.
2. Zuerst wird das erste Element der Liste als das Maximum angenommen.
3. Es werden nun alle Elemente der Liste (ausser des ersten) durchlaufen.
4. Ist der Wert des Feldes an der momentanen Position grösser als das bisher angenommene Maximum, dann wird diese Position in `max` gespeichert.

Binäre Suche

Die Voraussetzung für die *binäre Suche* ist, dass die Daten in sortierter Form vorliegen.

Die *binäre Suche* funktioniert wie folgt:

1. Es wird das mittlere Element der sortierten Datenmenge untersucht. Ist dieses grösser als das gesuchte Element, muss nur noch in der unteren Hälfte gesucht werden, andernfalls in der oberen.
2. Die Suche wird bei jedem darauf folgenden Durchlauf auf die neue Datenmenge angewendet. Der Suchraum (d.h. der Teil der Datenmenge, welcher durchsucht wird) halbiert sich dadurch bei jedem Durchgang.
3. Die Suche endet, sobald das gesuchte Element gefunden wurde oder nur noch ein Element übrig bleibt. In diesem Fall ist es entweder das gesuchte Element oder es kommt in der Datenmenge nicht vor.

3.4.2 Sortieralgorithmen

Das Ziel von **Sortieralgorithmen** ist es, die Elemente einer Menge nach einem bestimmten Kriterium zu sortieren. Nach dem Sortieren liegen die Elemente in aufsteigender oder absteigender Reihenfolge vor.

Es gibt verschiedene Sortieralgorithmen, die sich in ihrem Aufbau und ihrer Effizienz unterschieden. Die bekanntesten sind *Bubble-Sort*, *Insertion-Sort*, *Merge-Sort* und *Quick-Sort*. Hier soll stellvertretend *Bubble-Sort* und *Merge-Sort* betrachtet werden.

Bubble-Sort

So erreichen Sie mit *Bubble-Sort* eine aufsteigende Sortierung (siehe Abbildung 3.1):

1. Es werden jeweils zwei benachbarte Elemente eines Arrays verglichen. Begonnen wird mit den Elementen mit dem Index 0 und 1, dann 1 und 2, dann 2 und 3 etc.
2. Wenn der Wert des linken Elements grösser ist als der Wert des rechten, werden die beiden Werte vertauscht.
3. Mit einem Arraydurchlauf „wandert" so das grösste Element ans Ende des Arrays.
4. Nun werden die Schritte 1 bis 3 wiederholt, um das zweitgrösste Element an die zweitletzte Position zu bringen. Der Vergleich des zweitletzten Elements mit dem letzten entfällt, da das letzte das grösste ist.
5. Die Schritte 1 bis 4 werden so lange wiederholt, bis die zwei kleinsten Elemente miteinander verglichen werden.

Ausgangslage					
7	4	3	1	9	2
1. Schritt					
4	7	3	1	9	2
2. Schritt					
4	3	7	1	9	2
3. Schritt					
4	3	1	7	9	2
4. Schritt					
4	3	1	7	9	2
5. Schritt					
4	3	1	7	2	9
weiter mit zweithöchstem Wert					

Abbildung 3.1: Beispiel für Bubble-Sort. Details siehe Text.

Merge-Sort

Bei *Merge-Sort* wird die zu sortierende Datenliste in kleine Listen zerlegt, die jede für sich sortiert werden. Diese kleinen Listen werden dann im "Reissverschluss-Verfahren" wieder zu grösseren Listen zusammengefügt (engl. *merge*).

3.5 Simulation – Sinn und Zweck in der Wissenschaft

Ein Ziel der Wissenschaft ist es, komplexe Systeme wie beispielsweise das Wetter, das Ökosystem *See*, das menschliche Gehirn oder die Volkswirtschaft eines Staates kennenzulernen und ihre Reaktionen auf gewisse Einflüsse vorhersagen zu können. Um mehr darüber zu erfahren, ist es nötig, das System im Experiment verschiedenen Bedingungen auszusetzen. Nicht immer ist es aber möglich, diese Experimente direkt am realen Objekt durchzuführen. Hat das zu untersuchende System beispielsweise die Grösse von Planeten oder ist es so klein wie Moleküle, dauern Veränderungen so lang wie gewisse Evolutionsprozesse oder so kurz wie Neuronenverschaltungen im Gehirn, bietet sich die Möglichkeit, die reale Welt in einem **Computer-Modell** abzubilden. Die Veränderungen eines solchen Modells, so dass durch die modellierte Zeit und der modellierte Raum beeinflusst werden, fallen unter den Begriff **Simulation**.

3.5.1 Historische Entwicklung der Methodik des Simulierens und Modellierens

In den Naturwissenschaften gibt es verschiedene Methoden, die allein oder in verschiedenen Kombinationen zur Gewinnung neuer Erkenntnisse eingesetzt werden. Eine der wichtigsten ist die Methode der **theoretischen Herleitung**. Diese wurde schon ca. 600 Jahre vor Christus im antiken Griechenland entwickelt (unter anderem von Thales und Pythagoras). Über mehr als 2000 Jahre war die Theorie die vorherrschende wissenschaftliche Methodik in den Naturwissenschaften. Erst im 16. Jahrhundert nach Christus wurde in Europa mit **Experimenten** eine weitere naturwissenschaftliche Methodik entwickelt. Insbesondere Galileo Galilei trug zur Entwicklung dieser Methodik bei, zum Beispiel mit seinen Experimenten zum freien Fall im Jahre 1623. Ein weiteres Beispiel ist das Experiment von Otto von Guericke aus dem Jahre 1654, welches den Nachweis für den Luftdruck lieferte. Die Kupferstich-Darstellung in Abbildung 3.2 stellt das Experiment der *Magdeburger Halbkugeln* dar. Dabei werden zwei Halbkugeln dicht miteinander zu einer Kugel verbunden. Dann wird aus dem so entstandenen Hohlraum die Luft mit einer Pumpe entfernt, sodass ein Vakuum entsteht. Der von aussen wirkende Luftdruck presst nun die Halbkugeln so stark zusammen, dass sie auch mit grosser Kraft nicht getrennt werden können. Erst wenn das Vakuum durch einströmende Luft beendet wird, können die Halbkugeln getrennt werden.

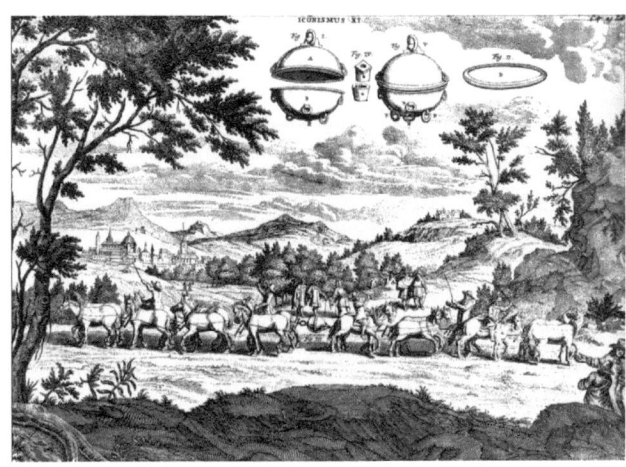

Abbildung 3.2: Kupferstich-Darstellung des Experiments von Otto von Guericke (1623).

Wie in der Theorie geht auch ein Experiment von einer Fragestellung aus, wie zum Beispiel: *Was hält die Kugeln zusammen?* Im Vergleich zur Theorie liefert ein Experiment aber neue Daten. Mit dieser Frage wird ein Experiment geplant, wobei versucht wird, die äusseren Einflüsse zu eliminieren und nur die Faktoren, die von Interesse sind, kontrolliert zu verändern. Dadurch kann gezeigt werden, welche Faktoren einen Einfluss haben und wie diese sich auswirken.

Im letzten Jahrhundert wurden die Naturwissenschaften um eine weitere methodologische Kategorie bereichert, welche zwischen Theorie und Experiment eingeordnet werden kann. Diese Methode besteht aus der **mathematischen Modellierung** und **Computer-Simulation**. Das Advanced Scientific Computing Committee of the US National Science Foundation schreibt 1984:

> Science is undergoing a structural transition from two broad methodologies to three – namely from experimental and theoretical science to include the additional category of computational and information science. A comparable example of such change occurred with the development of systematic experimental science at the time of Galileo.

Eine der ersten Simulationen wurde 1946 im Zuge des Manhattan-Projektes von Ulam auf dem ersten elektronischen Universalrechner der Welt durchgeführt. Dabei war es möglich, mit Hilfe eines Computers verschiedene Designs einer Atombombe zu testen, indem die hydrodynamischen Gleichungen mit dem Computer gelöst wurden. Dies war notwendig, da Experimente dazu nur sehr schwierig durchzuführen waren, weil während eines Fusionsprozesses sehr hohe Temperaturen und Drücke notwendig sind. Mit dieser Simulation konnte das sogenannte Teller-Ulam-Design für eine Fusionsbombe entwickelt werden. Die Simulationen wurden erst durch die ersten universellen Rechner ermöglicht, wobei diese spezifisch für die Simulation entwickelt wurden. Diese enge Verknüpfung zwischen der Entwicklung der Computertechnik und Computer-Simulationen führte dazu, dass in den letzten Jahrzehnten immer schnellere Rechner entwickelt wurden, was wiederum grössere Simulationen ermöglichte. Diese Entwicklung führte zu vielen Durchbrüchen in der Forschung. So wurden die Begründer der Simulationsmethode Molecular Dynamics 2013 mit dem Nobelpreis für Chemie ausgezeichnet. Inzwischen ist es dank Computer-Simulationen möglich, das dynamische Verhalten von Proteinen mit weit über 100'000 Atomen zu simulieren, was zu vielen neuen Erkenntnissen führte.

3.6 Modelle und Simulation

3.6.1 Modell

Unter dem Begriff **Modell** versteht man eine Interpretation oder Abstraktion der realen Welt. Für Computer-Simulationen ist es notwendig, mathematische Modelle zu erstellen, bei denen eine Abstraktion der realen Welt in eine mathematische Notation notwendig ist. Da die Welt jedoch sehr komplex ist, werden beim Prozess der Modellbildung Annahmen und Vereinfachungen gemacht. Dies führt dazu, dass alle Modelle beschränkt sind, d.h. sie können die reale Welt nicht exakt abbilden. Daher wird oft davon gesprochen, ein **Modell eines Systems** zu erstellen. Unter dem Begriff System versteht man eine abgeschlossene Sammlung von Elementen, die miteinander verbunden sind. Beispiele für Systeme können die Welt, ein Fisch oder ein Protein sein. Da nur ein Ausschnitt der realen Welt modelliert wird, wird die Modellbildung vereinfacht.

Mathematische Modelle wurden entwickelt, bevor es möglich war, diese auf einem Computer zu simulieren. Solche Modelle und ihr Verhalten im Detail zu verstehen, hat auch seine Grenzen. So kann das Verhalten von bestimmten mathematischen Modellen, wie zum Beispiel nichtlinearen dynamischen Modellen ohne Simulationen nicht vollständig analysiert werden. Ein weiteres Beispiel sind chaotische Modelle, bei denen der Zufall eine grosse Rolle spielt. Diese sind ohne Hilfe von Simulationen ebenfalls nicht abschliessend analysierbar.

3.6.2 Simulation

Um **Computer-Simulationen** durchzuführen, ist die Zusammenarbeit von verschiedenen Fachgebieten und Disziplinen erforderlich. Das Modell muss mathematisch beschrieben werden, da es ansonsten nicht mit Hilfe der Informatik als Simulation umgesetzt werden kann. Zusätzlich zu Kenntnissen aus Mathematik und Informatik ist ein tiefes Verständnis der Disziplin, in der man simulieren möchte, unerlässlich. Denn ohne Wissen aus dieser Disziplin ist es schwierig, das Modell korrekt zu erstellen oder die Ergebnisse der Simulation zu interpretieren. Abbildung 3.3 zeigt, welche Fachdisziplinen bei welchen Bestandteilen einer Simulation mitwirken.

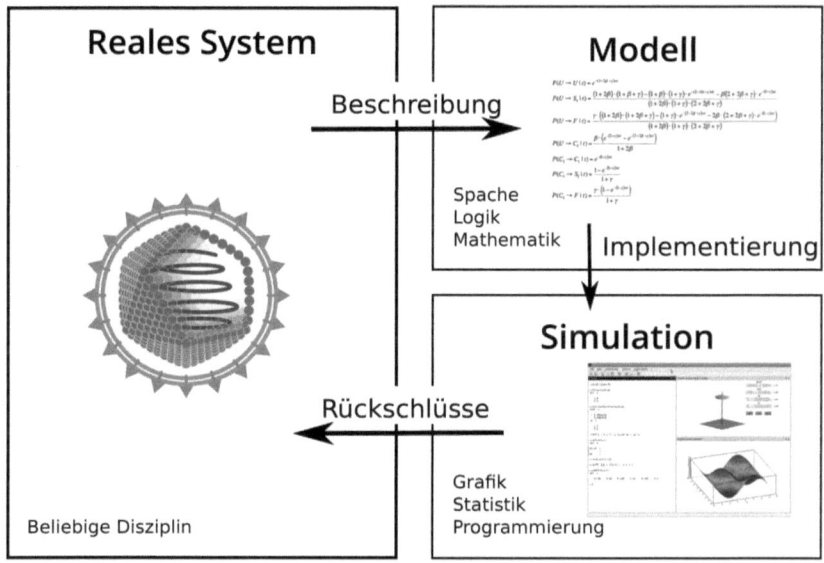

Abbildung 3.3: Modellierung und Simulation realer Systeme.

Simulationen dienen dazu, das Verhalten von Systemen zu analysieren. Hierfür muss man zuerst ein **mathematisches Modell** dieses Systems erstellen. Dieses mathematische Modell kann dann als Simulation implementiert werden. Bei der Implementierung eines Modells wird dieses von der mathematischen Sprache in eine Notation umgewandelt, die ein Computer interpretieren kann. Dies kann eine Darstellung des Modells in einer Programmiersprache (z.B. Python) sein. Nachdem das mathematische Modell im Computer implementiert wurde, kann es simuliert werden. Dabei wird das mathematische Modell mit verschiedenen **Eingabeparametern** gestartet, um das Verhalten des Systems über eine Zeit zu analysieren. Eine Simulation wird also durch die Eingabeparameter und das implementierte mathematische Modell definiert. Die Simulation selbst wird vom Computer automatisch durchgeführt, wobei die Ergebnisse protokolliert werden, sodass sie nachträglich analysiert werden können. Um das Verhalten des Systems visuell zu analysieren, kommen geeignete visuelle Darstellungen der Resultate zum Einsatz. Das Ziel von Simulationen kann sein, dass man mehr über das Verhalten des modellierten Systems verstehen oder verschiedene Strategien für die Funktionsweise des Systems vergleichen will.

Nach der Durchführung einer Simulation ist es notwendig, die Daten der Simulation zu validieren. Eine Möglichkeit die Daten zu validieren, ist der Vergleich mit Daten, welche in Experimenten gewonnen wurden. Dieses Zusammenspiel ist in Abbildung 3.4 dargestellt. Die Datenvalidierung ist erforderlich, damit die Ergebnisse nicht falsch oder überinterpretiert werden und man die Grenzen der Simulation und des Modells erkennt. Die Methodik des Modellierens und Simulierens hat verschiedene Fehlerquellen, die nicht vernachlässigt werden dürfen. Die grösste Fehlerquelle liegt meist im Prozess der Modellbildung. Man darf nicht vergessen, dass ein Modell nur eine reduzierte Abbildung der Wirklichkeit ist. Daher kann ein Modell nur Aussagen über die Aspekte liefern, die bei der Modellbildung berücksichtigt wurden. Eine weitere Fehlerquelle ist die Implementierung des mathematischen Modells, da Computer Einschränkungen mit sich bringen. So ist zum Beispiel der Zahlenraum von Computern endlich, was zu verschiedenen numerischen Problemen führen kann. Die im Dezimalsystem endliche Zahl 0.2 führt zum Beispiel im Binärsystem zur periodischen Zahl 0.00110011..., wodurch Rundungsfehler in den Rechnungen auftreten können.

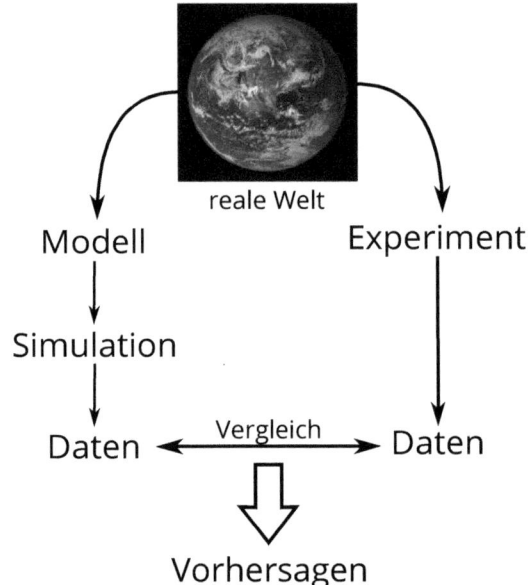

Abbildung 3.4: Zusammenspiel von Simulation und Experiment.

Selbstständiger Teil

3.7 Überblick

Der selbstständige Teil dieses Moduls besteht aus drei Teilen:

- Teil A: Bowling
- Teil B: Such- und Sortieralgorithmen
- Teil C: Simulation biologischer Modelle

3.8 Teil A: Bowling

3.8.1 Einführung

Beim Bowling werden die Resultate typischerweise in einer Tabelle aufgeschrieben und ausgewertet. Aufgeschrieben wird die Anzahl umgeworfener Pins jeder Runde. Es sind somit Zahlen zwischen 0 (keiner getroffen) und 10 (alle getroffen, ein sogenannter *Strike*) möglich.

	Spieler		
	1	2	3
1. Runde	4	6	2
2. Runde	2	8	0
3. Runde	10	2	5
4. Runde	3	4	5
5. Runde	6	8	10
Summe	25	28	22

Tabelle 3.1: Resultate eines Bowlingspieles.

3.8.2 Aufgabenstellung

Ihr Programm soll die Resultate von 3 Spielenden über 5 Runden hinweg aufnehmen und auswerten (siehe Tabelle 3.1). Zum Speichern der Resultate wird eine verschachtelte Liste und zur Berechnung der Summen eine einfache Liste benötigt.

3.8.3 Zwischenschritte

Gehen Sie wie folgt vor:

- **Listen bereitstellen:** Stellen Sie eine verschachtelte Liste `resultate` mit 3 mal 5 Elementen (für 3 Spielende und 5 Runden) und dem Einheitswert 0 sowie eine Liste `summen` mit drei Elementen und Einheitswert 0 bereit.

Mögliche Ausgabe:

```
# Bildschirmausgabe der beiden Listen resultate und summen.
[[0,0,0,0,0],[0,0,0,0,0],[0,0,0,0,0]]
[0,0,0]
```

- **Einlesen der Resultate:** Lesen Sie die Resultate in die Liste `resultate` ein. Es sollen für jede der 5 Runden die Punkte für jeden der 3 Spieler eingegeben werden können.

> **Tipp:** Setzen Sie hierfür die Funktion `input` in eine geschachtelte Schleife.

Mögliche Ausgabe:

```
Spieler 1
Runde: 1
Wert: 4
Runde 2
Wert: 2
...
```

- **Berechnen der Resultate:** Hier soll in der Liste `summen` die Summe der Punkte jedes einzelnen Spielers gespeichert werden.

Mögliche Ausgabe:

```
# Bildschirmausgabe der Liste summen.
[25,28,22]
```

- **Ausgeben der Resultate:** Geben Sie die Punktetabelle (`resultate`) und die Summen (`summen`) auf dem Bildschirm aus.

> **Tipp:** Um bei `print()` mehrere Elemente in einer Zeile auszugeben, kann mit `end=" "` der Zeilenumbruch unterdrückt werden (siehe Theorie-Teil).

3.8.4 Erweiterungen

- Geben Sie am Ende aus, wer wie viele Strikes geschafft hat, und wie oft jede Person keinen Pin getroffen hat.
- Geben Sie aus, wer die meisten Punkte hat.
- Berechnen Sie, in welcher Runde die jeweiligen Spieler ihren ersten Strike geschafft haben, und geben Sie das Resultat am Bildschirm aus.
- Erweitern Sie Ihr Programm für beliebig viele Spielende und beliebig viele Runden.

3.9 Teil B: Such- und Sortieralgorithmen

In diesem zweiten selbstständigen Teil werden Sie eine kleine Auswahl an Such- und Sortieralgorithmen implementieren. Eine kurze Beschreibung finden Sie im Theorieteil.

3.9.1 Vorbereitendes

Laden Sie das Ausgangsprogramm **Pollen.py** auf Ihren Rechner. Studieren Sie das Programm.

Pollendaten

Die Datei **Pollen.py** enthält 122 Messwerte für Gräserpollen (Anzahl Pollen pro Kubikmeter Luft). Hierbei handelt es sich Tagesmittelwerte vom 01.03. bis 30.06.2015 in Zürich.

3.9.2 Suchalgorithmen

Aufgaben

Durchsuchen Sie die Liste mit *linearer Suche* nach dem **höchsten Wert** und geben Sie den **Wert** und die **Position** der Daten in der Konsole aus.

So könnte Ihre Ausgabe aussehen:

```
Laenge:   122
Maximum: 320
Datum: 21.05.2015
```

Erweiterungen

- Suchen Sie den Pollenwert, der am 07.06.2015 gemessen wurde.
- Überlegen Sie sich, was passiert, wenn der gesuchte Wert mehr als einmal vorkommt. Wie müsste ihr Programm darauf reagieren?
- Wie beurteilen Sie den Suchaufwand? Haben Sie Ideen für eine Optimierung?

3.9.3 Sortieralgorithmen

Aufgaben

Implementieren Sie den *Bubble-Sort-Algorithmus* für die Liste **list** (Gräserpollendaten in **Pollen.py**, zu finden in den Modulunterlagen unter www.et.ethz.ch), so dass die Werte auf- oder absteigend sortiert dargestellt werden.

Erweiterungen

- Geben Sie zu jedem Eintrag der sortierten Pollendaten-Liste das zugehörige Datum aus.
- Wie könnte die Effizienz von *Bubble-Sort* erhöht werden?
- Quantifizieren Sie die Effizienz Ihrer Such- und Sortieralgorithmen (z.B. mit einer Zählung der Rechenschritte oder einer Zeitmessung).

3.10 Teil C: Simulation biologischer Modelle

Wenn Tiere verschiedener Arten den gleichen Lebensraum besiedeln, können sie in Konkurrenz zueinander stehen, in einer Symbiose oder einer Räuber-Beute-Beziehung sein.

Sie werden in dieser Projektaufgabe mit einem Python-Programm die Populationsdynamik zwischen zwei Tierarten simulieren, die um Nahrung konkurrieren.

Konkurrenz tritt dann auf, wenn verschiedene Arten auf gleiche Ressourcen (z.B. Nahrung oder Nistplätze) angewiesen sind. Ein bekanntes Beispiel dazu wäre die Kaninchenplage in Australien, wo in den 1930er-Jahren ein paar Kaninchen ausgesetzt wurden. Da diese in Australien keine natürlichen Feinde besitzen, haben sich die Kaninchen explosionsartig vermehrt. Die Population besteht inzwischen aus mehreren Millionen Tieren. Für die einheimischen Kängurus wurde die grosse Zahl der Kaninchen zu einem populationsdezimierenden Problem, weil die Kaninchen ihnen praktisch die gesamte Nahrung weggefressen haben.

Ausgehend vom **Lotka-Volterra-Modell** der Populationsdynamik sind zwei Teilaufgaben zu lösen:

- Simulation des Populationswachstums einer Tierart (z.B. Kaninchen).
- Simulation von zwei konkurrierenden Populationen (z.B. Kaninchen und Kängurus).

3.10.1 Simulation der Populationsdynamik nach dem Lotka-Volterra-Modell

Folgende Faktoren spielen gemäss einem **Modell von Lotka und Volterra** für die Populationsdynamik in einem natürlichen Lebensraum eine Rolle: Die **Kapazität**, der **Gewichtungsfaktor**, die **Vermehrungsrate** sowie die **Anzahl Tiere** (siehe Tabelle 3.2).

Diese Faktoren werden die Eingabedaten für die Simulation sein. Daraus soll Ihr Python-Programm die Populationsgrössen im Laufe der Zeit als abgeleitete Daten (Sekundärdaten) automatisch berechnen. Dafür benötigen Sie einige Formeln, die im folgenden Abschnitt hergeleitet werden.

Abgeleitete Daten: Populationsgrössen verändern sich mit der Zeit

Bei einem unbeschränkten Nahrungsangebot und ohne Konkurrenz hängt das Populationswachstum vor allem von der Vermehrungsrate v ab. Der Zuwachs pro Zeitintervall wäre dann

$$v \cdot N$$

Bei beschränktem Nahrungsangebot wird dieses Wachstum durch die Kapazitätsgrenze K des Lebensraums eingeschränkt. Die Anzahl Tiere, welche die Region noch verkraften kann, ist $K - N$. Relativ zur Kapazität ausgedrückt ist dies

Faktor	Erklärung
Kapazität K	Anzahl Tiere, welche eine Region verkraften kann. In unserer zweiten Simulation soll die Kapazität von der vorhandenen Nahrungsmenge abhängig sein.
Gewichtungsfaktor α	Verhältnis der Konkurrenz zwischen den Arten. Beispiel: $\alpha = 5$ bedeutet, dass eine Tierart 5-mal mehr frisst als eine andere Tierart.
Vermehrungsrate v	Beschreibt, wie stark sich die Population in einem Zeitintervall vermehrt. Beispiel: $v = 20\%$ bedeutet, dass sich die Population in einem Zeitinterall um 20% vergrössert.
Anzahl Tiere N	Anzahl Tiere in einer Population.

Tabelle 3.2: Faktoren des Lotka-Volterra-Modells.

$$\frac{K - N}{K}$$

Zusammenfassend ist der **Zuwachs pro Zeiteinheit** durch folgende Gleichung gegeben:

$$\frac{\mathrm{d}N}{\mathrm{d}t} = v \cdot N \cdot \left(\frac{K - N}{K} \right)$$

In der Populationsdynamik von natürlichen und sich selbst regulierenden Lebensräumen können daher **drei Fälle** unterschieden werden:

- $N < K$: $K - N$ ist positiv. Das Wachstum ist exponentiell. Es wird durch die Vermehrungsrate bestimmt.
- $N = K$: Es gibt kein Wachstum mehr, weil die Region keine weiteren Tiere mehr verkraften kann.
- $N > K$: $K - N$ ist negativ. Die Region ist überlastet, die Anzahl Tiere wird sich verringern.

3.10.2 Simulation des Populationswachstums von Kaninchen

In der ersten Aufgabe sollen Sie die Populationsdynamik einer Art simulieren (z.B. Kaninchen), die sich selbst überlassen ist und durch kein anderes System mitreguliert wird. Es besteht also z.B. keine Konkurrenz mit einer anderen Spezies.

Die **Anzahl der Kaninchen** zu jedem Zeitpunkt t kann folgendermassen beschrieben werden:

$$N_t = N_{t-1} + v \cdot N_{t-1} \cdot \left(\frac{K - N_{t-1}}{K} \right)$$

Das heisst, dass die Anzahl Tiere zum Zeitpunkt t der Summe aus der Anzahl Tiere einen Zeitpunkt vorher plus der Zu- oder Abnahme entspricht.

Zwischenschritte

a) Ausgangsparameter festlegen

Legen Sie in einem neuen Python-Programm folgende **Ausgangswerte** fest:

- Kapazität K: 50
- Vermehrungsrate v: 50%
- Länge der Simulation *laenge*: 30

b) Listen bereitstellen

Stellen Sie **zwei Listen** der Grösse *laenge* (also 30) bereit:

- Zeit (z.B. t)
- Anzahl Kaninchen (z.B. N)

c) Anfangswerte der beiden Listen setzen

Setzen Sie die **Anfangswerte** (Listen-Elemente mit Index 0).

- $t_0 = 0$
- $N_0 = 2.0$

d) Durchlauf durch die Listen organisieren

Organisieren Sie den **Durchlauf durch die beiden Listen** (Index 1 bis *laenge*).

e) Eingabe der Formeln

Erstellen Sie die Formeln zur Berechnung der Werte

- der **Liste Zeit** (t).
- der **Liste Anzahl Kaninchen** (N).

f) Visualisierung erstellen

Geben Sie die **berechneten Werte** in der Konsole aus und visualisieren Sie die Veränderungen der Populationsgrösse in einem **aussagekräftigen Diagramm**.

g) Simulieren und Interpretieren der Resultate

Beobachten Sie, wie sich das Wachstum der Population in Ihrer erstellten Simulation verhält.

3.10.3 Simulation von zwei konkurrierenden Populationen

Als zweite Aufgabe werden Sie die Populationsdynamik zweier Arten betrachten, die sich durch Konkurrenz gegenseitig regulieren. Der **Gewichtungsfaktor** α gibt das Verhältnis der Konkurrenz zwischen diesen zwei Tierarten an. Da in unserem Fall die Nahrungsmenge den Konkurrenzgrund zwischen Kaninchen und Kängurus darstellt, bedeutet der Gewichtungsfaktor, dass die Kängurus α-mal mehr fressen als die Kaninchen.

Die Gesamtkapazität des Lebensraumes ist in diesem Fall von zwei Tierarten abhängig. Um zu berechnen, wie viele Kaninchen die Region noch verkraften kann, muss von der Gesamtkapazität nicht nur die Anzahl Kaninchen subtrahiert werden, sondern auch die Anzahl Kängurus.

Da ein Känguru so viel zählt wie α Kaninchen, ist die verbleibende Kapazität in "Kaninchen-Einheiten"

$$K_{\text{Kaninchen}} - N_{\text{Kaninchen}} - N_{\text{Kängurus}} \cdot \alpha$$

Wir können also den **Zuwachs der Kaninchen** folgendermassen formulieren:

$$\frac{\mathrm{d}N_{\text{Kaninchen}}}{\mathrm{d}t} = v_{\text{Kaninchen}} \cdot N_{\text{Kaninchen}} \cdot \left(\frac{K_{\text{Kaninchen}} - N_{\text{Kaninchen}} - N_{\text{Kängurus}} \cdot \alpha}{K_{\text{Kaninchen}}} \right)$$

Entsprechend ist die verbleibende Kapazität in "Känguru-Einheiten"

$$K_{\text{Kängurus}} - N_{\text{Kaninchen}}/\alpha - N_{\text{Kängurus}}$$

und der **Zuwachs an Kängurus** ist gegeben durch

$$\frac{\mathrm{d}N_{\text{Kängurus}}}{\mathrm{d}t} = v_{\text{Kängurus}} \cdot N_{\text{Kängurus}} \cdot \left(\frac{K_{\text{Kängurus}} - N_{\text{Kaninchen}}/\alpha - N_{\text{Kängurus}}}{K_{\text{Kängurus}}} \right)$$

72

Um die **Anzahl Tiere** zu einem Zeitpunkt t zu berechnen, brauchen Sie lediglich die Anzahl Tiere und den Zuwachs einen Zeitschritt vorher zusammenzuzählen:

$$N_t = N_{t-1} + \text{Zuwachs}_{t-1}$$

Zwischenschritte

a) Ausgangsparameter festlegen

Legen Sie in einem neuen Python-Programm folgende **Ausgangswerte** fest:

- Kapazität $K_{\text{Kaninchen}}$: 50
- Kapazität $K_{\text{Kängurus}}$: 10
- Vermehrungsrate $v_{\text{Kaninchen}}$: 50%
- Vermehrungsrate $v_{\text{Kängurus}}$: 10%
- Gewichtungsfaktor α: 5
- Länge der Simulation *laenge*: 20

b) Listen bereitstellen

Stellen Sie **fünf Listen** der Grösse *laenge* (also 20) bereit:

- Zeit (z.B. t)
- Anzahl Kaninchen (z.B. *NKan*)
- Anzahl Kängurus (z.B. *NKae*)
- Zuwachs Kaninchen (z.B. *ZKan*)
- Zuwachs Kängurus (z.B. *ZKae*)

c) Anfangswerte der Listen setzen

Setzen Sie die **Anfangswerte** (Listen-Elemente mit Index 0):

- $t_0 = 0$
- $NKan_0 = 2.0$
- $NKae_0 = 5.0$
- $ZKan_0 = $ gemäss Formel oben
- $ZKaen_0 = $ gemäss Formel oben

d) Durchlauf durch die Listen organisieren

Organisieren Sie den Durchlauf durch alle Listen (Index 1 bis 19).

e) Eingabe der Formeln

Erstellen Sie die Formeln zur Berechnung der Werte

- der Liste **Zeit** (t). Die Skala beträgt 1 (z.B. Monat).
- der Liste der **Anzahl Kaninchen** (*NKan*) und **Anzahl Kängurus** (*NKae*).

- der Liste des **Zuwachses der Kaninchen** (*ZKan*) und des **Zuwachses der Kaengurus** (*ZKae*).

f) Visualisierung erstellen

Geben Sie die **berechneten Werte** in der Konsole aus und stellen Sie die Resultate der Simulation wieder in einem **aussagekräftigen Diagramm** dar.

> **Wie bringe ich zwei Datenreihen in ein Diagramm?**
>
> ```
> plot(t,a,t,b)
>
> # x-Achse für beide Datenreihen t.
> # y-Achse für zwei Datenreihen a und b.
> ```

g) Simulieren und Interpretieren der Resultate

Testen Sie mit Ihrer Simulation verschiedene Situationen. Verändern Sie die Werte der Eingabedaten (Kapazität, Anzahl Tiere, Vermehrungsrate). Was passiert beispielsweise, wenn Sie den Gewichtungsfaktor verdoppeln?

3.11 Bedingungen für die Präsentation

Führen Sie einer Assistentin oder einem Assistenten die erstellten Programme (Bowling, Pollen, Populationswachstum und Konkurrenz) am Bildschirm vor und diskutieren Sie die durch die Simulation erzeugten Resultate.

Überlegen Sie sich, wie Sie einem Laien folgende Fragen erklären würden:

- Was ist der Unterschied zwischen Listen und Tupel?
- Wie werden Elemente von Listen adressiert?
- Wie funktioniert ein Listen-Durchlauf bei 1-dimensionalen und 2-dimensionalen Listen?
- Wie funktionieren Listen-Abstraktionen?
- Welche Elemente gehören zu einer Simulation?
- Verändern Sie die Eingabedaten und kommentieren Sie die Auswirkungen in der Simulation.
- Wo liegen die Grenzen der simulierten Modelle?
- Wie funktioniert die *lineare Suche* und *Bubble-Sort*?
- Wo liegt die Schwäche der *linearen Suche* und von *Bubble-Sort* im Vergleich zu anderen Sortier-/Suchalgorithmen?

Die Begriffe dieses Kursmoduls sollten Sie mit einfachen Worten erklären können.

Programmieren mit Python Modul 4

Funktionen, Module und Animationen

Theorie

Autoren:

Lukas Fässler, David Sichau

Begriffe

Modularität	Rekursion
Subroutine	Modul
Prozedur	Bibliotheken
Funktion	Zufallszahl
Parameter	Gültigkeit von Variablen
Rückgabewert	Animationen

Theorie

4.1 Modulübersicht

Durch das **Modularitätsprinzip** wird ein Gesamtproblem in getrennte Teilprobleme zerlegt. In diesem Modul lernen Sie Möglichkeiten kennen, wie Sie Anweisungen in **Unterprogrammen** (oder **Subroutinen**) zusammenfassen können. Unterprogramme sind funktionale Einheiten, die an mehreren Stellen in einem Programm aufgerufen werden können. Auf diese Weise muss ein Programmteil nur einmal entwickelt und getestet werden, wodurch sich der Programmieraufwand verringert und der Programmcode verkürzt. Werden beim Aufrufen des Unterprogramms Daten übergeben, werden diese als **Parameter** bezeichnet. In vielen Programmiersprachen werden zwei Varianten von Unterprogrammen unterschieden: jene **mit einem Rückgabewert** (**Funktionen**) und jene **ohne Rückgabewert** (**Prozeduren**). In Python werden alle Unterprogramme als **Funktionen** bezeichnet.

Häufig möchten Sie Funktionen und Anweisungen in mehreren Programmen nutzen. Damit Sie diese nicht in jedes Programm kopieren müssen, können sie als **Datei** gespeichert werden. Eine solche Datei wird in Python **Modul** genannt. Will man in einem Programm ein Modul nutzen, muss es zunächst importiert werden.

4.2 Funktionen

4.2.1 Funktionen ohne Rückgabewert (Prozeduren)

Funktionen ohne Rückgabewert haben Sie schon verwendet: Zum Beispiel die Funktion `print()`. Sie können aber auch eigene Funktionen schreiben, welche eine von Ihnen vorgegebene Aufgabe erfüllen.

In Python wird eine Funktion mit der Anweisung `def` gefolgt vom Funktionsnamen definiert. Eine Funktion muss immer *vor* ihrem ersten Aufruf definiert werden.

Schreibweise:

```
def blubb():  # Definition der Funktion blubb
    # Anweisungen der Funktion mit Tab eingerückt
```

In diesem Beispiel wird die Funktion `blubb()` definiert. Die leere Klammer bedeutet, dass keine Parameter übergeben werden.

Beispiel: Das folgende Python-Programm beinhaltet die Funktion `ausgabe`, welche beim Programmstart dreimal aufgerufen wird:

```
def ausgabe():
    print("Die Funktion wurde ausgeführt.")

# Programm startet hier.
for i in range (1, 4):
    ausgabe()

# Konsolen-Ausgabe:
# Die Funktion wurde ausgeführt.
# Die Funktion wurde ausgeführt.
# Die Funktion wurde ausgeführt.
```

4.2.2 Funktionen mit Parametern

An Funktionen können auch Werte übergeben werden. Solche einer Funktion übergebenen Werte nennt man **Parameter**. Damit wir einer Funktion Werte übergeben können, werden im **Kopf der Funktionsdefinition die empfangenen Variablen deklariert (Eingangsvariablen)**. Beim Funktionsaufruf wird der Wert an die Eingangsvariable übergeben.

Schreibweise und Beispiel: Folgende Funktion `addiereUndGibAus` hat zwei Eingangsparameter x und y:

```
def addiereUndGibAus(x, y):
    z = x + y
    print("Summe: ", z)
```

Die Funktion kann z.B. mit den Werten 3 und 2 aufgerufen werden.

```
addiereUndGibAus(3, 2)

# Konsolen-Ausgabe:
# Summe: 5
```

Der Wert 3 wird an die Variable x und 2 an die Variable y übergeben.

Es gibt auch die Möglichkeit, für Parameter Standard-Werte (*Default-Values*) anzugeben. Wird beim Funktionsaufruf kein Wert angegeben, wird der Standard-Wert eingesetzt.

Beispiel:

```
# für x und y werden Standard-Werte eingesetzt.

def addiereUndGibAus(x=3, y=2):
    z = x + y
    print("Summe: ", z)

# beim Funktionsaufruf wird für x ein Wert angegeben.
# für y wird der Standard-Wert verwendet.

addiereUndGibAus(4)

# Konsolen-Ausgabe:
# Summe: 6
```

4.2.3 Funktionen mit Rückgabewert

Funktionen mit Rückgabewert werden verwendet, um ein Resultat aus den Anweisungen der Funktion zu gewinnen. Um einen Wert zurückzugeben, wird return verwendet.

Schreibweise und Beispiel:

```
def addiereUndGibZurueck (x, y):
    z = x + y
    return z
```

Diese Funktion kann nun unter Angabe zweier Parameter aufgerufen werden. Die Variable resultat speichert das Resultat des Rückgabewerts der Funktion.

```
resultat = addiereUndGibZurueck(3, 2)
print (resultat)
```

Bei Funktionen mit Rückgabewert muss darauf geachtet werden, dass in jedem Fall ein Wert zurückgegeben wird.

```
def hallo():
    i = 1
    if (i == 1):
        return True
    else:
        print("tritt nie ein")
```

Auch wenn der else-Fall in dieser Funktion nie eintritt, muss darauf geachtet werden, dass in diesem Fall etwas zurückgegeben würde. Korrekt wäre somit:

```
def hallo():
    i = 1
    if (i == 1):
        return True
    else:
        print("tritt nie ein")
        return False
```

4.2.4 Gültigkeit von Variablen

Variablen haben eine **beschränkte Lebensdauer**. Einige Variablen werden erst mit dem Beenden des Programms gelöscht, andere schon früher. Die Zeit, in der eine Variable existiert, nennt man ihre *Lifetime*, der Gültigkeitsbereich einer Variablen ihren *Scope*. In Funktionen sind Variablen standardmässig *nur* **lokal gültig**. Das heisst, ausserhalb der Funktion kann darauf nicht zugegriffen werden. In folgendem Beispiel ist die Variable a nur innerhalb der Funktion f() gültig und wird anschliessend gelöscht:

```
def f():
    a = "rot"      # lokal definierte Variable a.
    print(a)
f()
print(a)        # Kein Zugriff auf Variable a.

# Ausgabe:
# rot
# Fehlermeldung: NameError: name a is not defined
```

Umgekehrt kann auf **global gültige** Variablen innerhalb einer Funktion lesend zuge-griffen werden, wie folgendes Beispiel zeigt:

```
def f():
    print(a)
a = "blau"     # global definierte Variable a.
f()
print(a)

# Ausgabe:
# blau
# blau
```

Vorsicht ist geboten, wenn lokale und globale Variablen denselben Namen haben. Fol-gendes Beispiel enthält zwei unterschiedliche Variablen mit dem Namen a. Die eine ist im ganzen Programm gültig, die andere nur innerhalb der Funktion f():

```
def f():
    a ="rot"   # lokal definierte Variable a.
    print(a)
a = "blau"     # global definierte Variable a.
f()
print(a)

# Ausgabe:
# rot
# blau
```

Möchte man innerhalb einer Funktion schreibend auf eine Variable zugreifen, so kann man diese *explizit* als global angeben.

```
def f():
    global a    # global definierte Variable a.
    a = "rot"
    print(a)
a = "blau"
f()
print(a)

# Ausgabe:
# rot
# rot
```

4.2.5 Rekursion

Bei der **Rekursion** ruft eine Funktion sich selber wieder auf. Damit sich die Funktion nicht endlos immer wieder selber aufruft, was die gleichen Konsequenzen wie eine Endlosschleife hätte, benötigt sie eine **Abbruchbedingung**, welche diese Folge von Selbst-Aufrufen stoppt.

Um eine Rekursion zu programmieren, müssen Sie zwei Elemente bestimmen:

- **Basisfall**: in diesem Fall ist das Resultat der Berechnung schon bekannt. Dieser Fall ist die Abbruchbedingung der Rekursion.
- **Rekursiver Aufruf**: es muss bestimmt werden, wie der rekursive Aufruf geschehen soll.

Beispiel 1: Fakultät

Die Berechnung der Fakultät $f(x) = x!$ von x kann mit einer rekursiven Funktion realisiert werden.

- Basisfall: für den Wert 0 wird 1 zurückgegeben.
- Rekursion: $x! = x \cdot (x-1)!$ für $x > 0$.

```
def fakultaet(x):
    if (x == 0):  # Basisfall
        return 1
    else:
        return x * fakultaet(x-1)   # Rekursiver Aufruf
```

Die Funktion kann z.B. wie folgt aufgerufen werden:

```
resultat = fakultaet(9)
print(resultat)

# Ausgabe: 362'880
```

Beispiel 2: Fibonacci

Ein weiteres beliebtes Beispiel für Rekursionen ist die **Fibonacci-Folge**. Diese unendliche Folge von natürlichen Zahlen beginnt mit 0 und 1. Die danach folgende Zahl ergibt sich jeweils aus der Summe der zwei vorangegangenen Zahlen: Die Folge lautet also $0, 1, 1, 2, 3, 5, 8, \ldots$

Bei der Fibonacci-Folge sind bei jedem Schritt zwei rekursive Aufrufe nötig:

$f(n) = f(n-1) + f(n-2)$ für $n \geq 2$ mit den Anfangswerten $f(1) = 1$ und $f(0) = 0$.

- Basisfall: Für den Fall, dass n gleich 0 oder 1 ist, wissen wir, dass 0 bzw. 1 zurückgegeben werden muss.
- Rekursion: Für alle anderen Fälle rufen wir die Funktion wieder auf, wobei wir den übergebenen Wert um jeweils 1 und 2 verringern.

```
def fibonacci(n):
    if (n == 0): # Basisfall 1
        return 0
    elif (n == 1): # Basisfall 2
        return 1
    else:
        # zwei Mal rekursiver Aufruf.
        return fibonacci(n-1)+fibonacci(n-2)
```

Die Funktion kann z.B. wie folgt aufgerufen werden:

```
resultat = fibonacci(0)
print(resultat)

# Ausgabe:
# 0


resultat = fibonacci(6)
print(resultat)

# Ausgabe:
# 8
```

4.3 Module

Um nützliche Funktionen und Anweisungen in mehreren Programmen und Projekten verwenden zu können, bietet sich die Möglichkeit, diese in einer **Datei** abzulegen, ohne sie in jedem Programm erneut definieren zu müssen. Eine solche Datei bezeichnet man in Python als **Modul**.

Speichern wir unsere letzte Funktion `fibonacci` als Modul mit dem selbstgewählten Namen `meinModul.py`, kann sie wie folgt importiert und aufgerufen werden:

```
# importiert das Modul meinModul.py.
import meinModul

# ruft die Funktion fibonacci aus dem Modul meinModul auf.
resultat = meinModul.fibonacci(6)
print(resultat)

# Ausgabe:
# 8
```

4.3.1 Python Standardmodule

Python verfügt über eine Bibliothek von **Standardmodulen**. Diese gehören zur Standardinstallation von Python 3. Will man ein Modul aus dieser Bibliothek verwenden, muss es zunächst importiert werden. An dieser Stelle sollen beispielhaft drei Module erwähnt werden. Eine vollständige Liste der Standardmodule von Python sind im Internet zu finden (z.B. unter https://docs.python.org/3/library/).

Modul random

Eine häufig gebrauchte Funktion ist `random` aus dem Modul *random*. Sie gibt eine **Pseudo-Zufallszahl** in einem definierten Bereich zurück. Mit folgendem Funktionsaufruf kann eine Pseudo-Zufallszahl zwischen 0 und 1 erzeugt und in einem Programm verwendet werden:

```
# importiert das Modul random aus der Standardbibliothek.
import random
# liefert eine Pseudo-Zufallszahl zwischen 0 und 1.
zufall = random.random()
print(zufall)

# Mögliche Ausgabe:
# 0.7657187611883208
```

Häufig benötigt man **ganzzahlige Zufallszahlen**, welche die Funktion `randint` desselben Moduls bereitstellt:

```
# importiert das Modul random aus der Standardbibliothek.
import random
# liefert eine ganzzahlige Pseudo-Zufallszahl von 1 bis 6.
zufall = random.randint(1,6)
print(zufall)

# Mögliche Ausgabe:
# 6
```

Modul statistics

Das Modul *statistics* stellt Funktionen für statistische Auswertungen bereit. Folgendes Programm gibt beispielsweise den Mittelwert (*mean*) der Liste a aus:

```
# importiert das Standardmodul statistics.
import statistics
a = [5.0,4.75,5.5,4.5,5.5]
# liefert den statistischen Mittelwert von a.
print(statistics.mean(a))

# Ausgabe:
# 5.05
```

Modul time

Das Modul *time* stellt verschiedene zeitbezogene Funktionen bereit. Mit der Funktion `localtime` aus dem Modul *time* erhält man zum Beispiel das aktuelle Datum mit Uhrzeit:

```python
# importiert das Standardmodul time.
import time

# gibt das aktuelle Datum und Zeit zurück.
print(time.localtime())
```

Mit dem Modul *time* lassen sich Zeitmessungen für Laufzeituntersuchungen von Programmabschnitten durchführen:

```python
# importiert das Standardmodul time.
import time

# misst den Startpunkt der Zeitmessung.
start = time.time()

    # Code, dessen Laufzeit gemessen werden soll.

# misst den Endpunkt der Zeitmessung..
end = time.time()

# gibt die Laufzeit zurück.
print (end-start, "s""")
```

Mit der Funktion `sleep` aus dem Modul *time* kann der Programmablauf um eine bestimmte Zeit verzögert werden.

```python
# importiert das Standardmodul time.
import time

print("bitte warten...")

# verzögert den Programmablauf um 5 Sekunden.
time.sleep(5.0)

# wird erst nach 5 Sekunden ausgeführt.
print("geschafft!")
```

Modul csv

Der Austausch von Informationen über Textdateien ist eine weit verbreitete Methode, um Informationen zwischen Programmen auszutauschen. Durch das Speichern in Dateien lassen sich Daten über die Laufzeit eines Programms hinaus festhalten. Eines der beliebtesten Formate für den Datenaustausch ist das so genannte CSV-Format (*Comma Separated Values*). Damit lassen sich Daten zum Beispiel aus Tabellenkalkulationen und Datenbanken importieren und exportieren.

Beispiel CSV-Format: Beim CSV-Formt werden Daten zeilenweise und die einzelnen Elemente durch ein Zeichen (häufig ein Komma oder ein Semikolon) getrennt angeordnet. Folgendes Beispiel zeigt 3 mal 3 Elemente gespeichert in der Datei `beispiel.csv`:

```
1.2.2019,5,rot
1.3.2019,6,schwarz
1.4.2019,9,blau
```

Mit folgenden Zeilen können die Daten des CSV-Files in ein Python-Programm eingelesen werden:

```python
# importiert das Standardmodul csv.
import csv

# öffnet die Datei beispiel.csv mit der Funktion open().
with open('beispiel.csv') as csvfile:
    readCSV = csv.reader(csvfile, delimiter=',')
    for row in readCSV:
        print(row[0],row[1],row[2])

# Ausgabe:
1.2.2019 5 rot
1.3.2019 6 schwarz
1.4.2019 9 blau
```

Zunächst wird die CSV-Datei mit der Funktion `open()` geöffnet. In der nächsten Zeile werden die Zeilen in einem `reader`-Objekt abgelegt und die Trennzeichen (hier `delimiter= ','`) entfernt. Mit einer Schleife wird anschliessend zeilenweise auf die einzelnen Elemente zugegriffen.

4.3.2 Nicht Standardmodule

Bei Programmierprojekten kommen häufig auch Module zum Einsatz, die bei einer Standardinstallation von Python nicht installiert werden. Diese werden in **Bibliotheken** (*libraries*) bereitgestellt und müssen separat installiert werden. Zwei in der Wissenschaftswelt weit verbreitete Bibliotheken sind *numpy* und *matplotlib*.

Module der Bibliothek numpy

Die Python-Bibliothek numpy (*Numeric Python*) stellt zahlreiche Funktionen für das effiziente Arbeiten mit **grossen Arrays und Matrizen** bereit. Python wird durch diese Erweiterung vergleichbar mit MATLAB®.

Mit numpy kann eine Matrix wie folgt erzeugt werden:

```
# importiert numpy und benennt es in np um.
import numpy as np

# erstellt eine Matrix der Grösse 4x3 vom Datentyp Integer
# und initialisiert alle Elemente mit 0.
meineMatrix = np.zeros((4,3),int)

# speichert in den Matrix-Elementen der obersten Reihe
# die Werte 5, 4 und 2.
meineMatrix[0,0] = 5
meineMatrix[0,1] = 4
meineMatrix[0,2] = 2

# Ausgabe der Matrix in der Konsole
print(meineMatrix)
```

Lässt man das Programm laufen, erscheint die 4x3-Matrix wie folgt in der Konsole:

```
[[5 4 2]
 [0 0 0]
 [0 0 0]
 [0 0 0]]
```

Modul pyplot der Bibliothek matplotlib

Die Python-Bibliothek *matplotlib* erlaubt es, verschiedene **grafische Darstellungen** anzufertigen.

Mit dem Modul `pyplot` der Bibliothek *matplotlib* kann wie folgt ein **Kurvendiagramm** (*plot*) erstellt werden (Abbildung 4.1):

```python
# importiert pyplot aus der Bibliothek matplotlib
# und benennt es in plt um.
import matplotlib.pyplot as plt

# erstellt aus der Datenreihe ein Kurvendiagramm.
plt.plot([20.3, 21.5, 22.1, 20.8, 21.3, 22.9])

# beschriftet die Achsen des Diagramms.
plt.xlabel('time')
plt.ylabel('temperature')

# stellt das fertige Diagramm am Bildschirm dar.
plt.show()
```

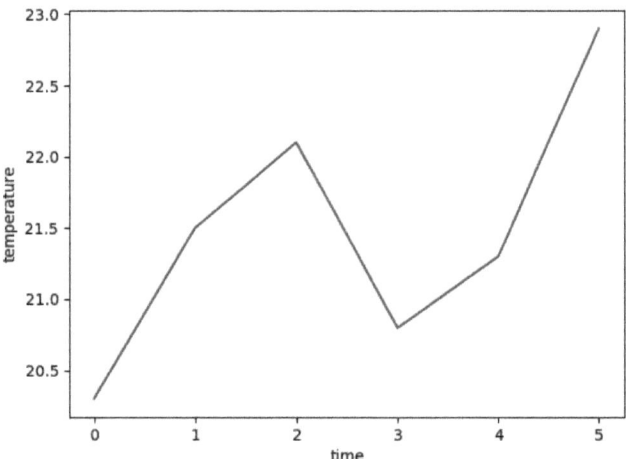

Abbildung 4.1: Beispiel eines Kurvendiagramms mit dem Modul pyplot.

Selbstständiger Teil

4.4 Überblick

Der selbstständige Teil dieses Moduls besteht aus folgenden Teilen:

- Teil A: Bubble-Sort mit Funktionen
- Teil B: Erweiterungen der Pandemie-Simulation
- Teil C: Schere-Stein-Papier-Spiel

4.5 Teil A: Bubble-Sort mit Funktionen

4.5.1 Aufgaben

- Schreiben Sie den Bubble-Sort-Algorithmus aus dem letzten Modul mit **zwei Funktionen** z.B. bubblesort() und swap().

Eine Liste *a* soll durch folgenden Funktionsaufruf sortiert werden:

```python
def bubblesort():
    # Funktion sortiert Liste a
def swap():
    # Funktion führt Variablentausch durch
a = [5,1,3,2,4]
bubblesort(a)
print (a)
```

- Speichern Sie die beiden Funktionen in einer Modul-Datei mit der Endung *.py* und importieren Sie diese in Ihr Python-Programm.
- Füllen Sie Ihre Liste mit Zufallswerten in einem bestimmten Bereich und sortieren Sie diese.

4.5.2 Erweiterung

- Führen Sie mit dem Modul *time* eine Laufzeitmessung durch.

4.6 Teil B: Erweiterungen der Pandemie-Simulation

4.6.1 Aufgaben

Erweitern Sie Ihre Pandemie-Simulation aus dem E.Tutorial® wie folgt:

- Vergrössern der Population
- Setzen von Startbedingungen
- Auswertung Anzahl erkrankter Individuen über die Zeit

Vergrössern der Population

Vergrössern Sie die Matrix Ihrer Simulation (z.B. auf 102×102).

Setzen von Startbedingungen

Lassen Sie die Position des bei Simulationsstart krank gesetzten Individuums zufällig bestimmen.

> **Tipp:** Bestimmen Sie hierfür für die x- und die y-Koordinate je eine Zufallszahl.

Lassen Sie vor dem Start der Simulation den User einige Startbedingungen setzen:

- Wie lange soll die Simulation dauern?
- Wie viele Personen werden zu Beginn der Simulation krank?
- Wie hoch ist die Ansteckungsrate der Krankheit?

> **Tipp:** Die Benutzereingaben können mit input() entweder direkt im Hauptprogramm oder in einer separaten Funktion vorgenommen werden. Beachten Sie den Datentyp.

Möglicher Input bei Programmstart:

```
Dauer der Simulation? 100
Anzahl Kranke bei Programmstart? 3
Ansteckungsrate (%)? 60
```

Passen Sie Ihren Programmcode an, damit die Startbedingungen einen Effekt auf die Simulation haben.

Zeigen Sie im Diagramm neben den Tagen zusätzlich die gewählte Ansteckungsrate an (Abbildung 4.1).

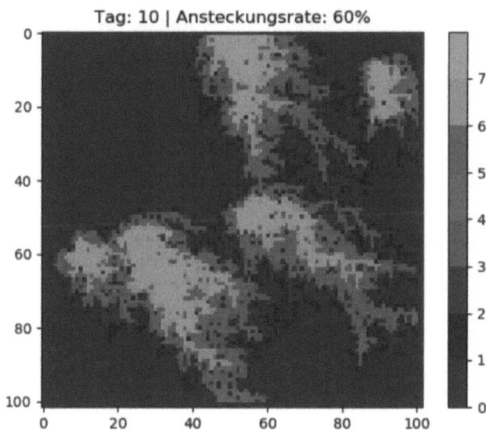

Abbildung 4.1: Pandemie-Simulation mit veränderten Startbedingungen.

Auswertung Anzahl erkrankter Individuen über die Zeit

Erstellen Sie eine Auswertung der Anzahl erkrankter Individuen über die Zeit und stellen Sie diese in einem Diagramm grafisch dar (Abbildung 4.2).

Mögliche Zwischenschritte

- Stellen Sie zur Speicherung der Anzahl erkrankter Individuen pro Tag ein numpy-Array bereit (Länge: Anzahl Tage, mit 0 initialisiert).
- Führen Sie einen Zähler (Einzelvariable) ein.
- Zählen Sie jeden Tag die Anzahl erkrankter Individuen (Krankheits-Status 1 bis 7)
- Speichern Sie am Ende jeden Tages die Anzahl kranker Individuen in das aktuelle Element des Arrays.
- Geben Sie die Anzahl erkrankter Individuen in der Konsole aus.

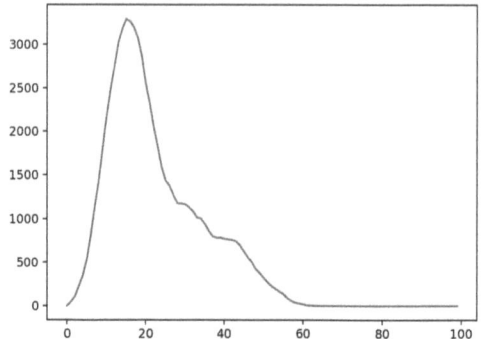

Abbildung 4.2: Grafische Darstellung des zeitlichen Verlaufs der Anzahl angesteckter Individuen während der Pandemie.

```
Dauer? 6
Kranke bei Programmstart? 2
Ansteckungsrate(%)? 90
[ 0.  16.   0.   0.   0.   0.  ]
[ 0.  16.  45.   0.   0.   0.  ]
[ 0.  16.  45.  87.   0.   0.  ]
[ 0.  16.  45.  87. 173.   0.  ]
[ 0.  16.  45.  87. 173. 273.]
```

• Stellen Sie die Anzahl erkrankter Individuen in einem Diagramm grafisch dar.

4.6.2 Erweiterungen

• Viele Krankheiten sind zu Beginn ansteckender als am Ende. Machen Sie die Ansteckungswahrscheinlichkeit abhängig von der Dauer der Krankheit der Überträger.

• Überschreitet die Zunahme der Ansteckungen einen bestimmten Wert (z.B. 50) werden behördliche Massnahmen ergriffen (z.B. *Social Distancing*, *Lockdown*). Reduzieren Sie in diesem Fall die Anzahl der Ansteckungen (Abbildung 4.3).

• Wenn viele Nachbarn einer Person krank sind, soll die Wahrscheinlichkeit grösser sein, dass eine gesunde Person angesteckt wird.

• Geheilte Personen sind nur eine gewisse Zeit immun gegen die Krankheit. Passen Sie Ihre Simulation so an, dass geheilte Personen nach einer gewissen Zeit (z.B. vier Tagen) wieder angesteckt werden können.

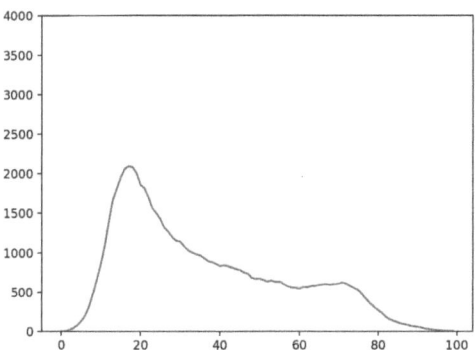

Abbildung 4.3: Grafische Darstellung des zeitlichen Verlaufs der Anzahl angesteckter Individuen während der Pandemie mit Massnahmen.

4.7 Teil C: Schere-Stein-Papier-Spiel

4.7.1 Einführung

Beim Spiel *Schere-Stein-Papier* (oder auch *Schnick-Schnack-Schnuck*) stehen sich zwei Spieler gegenüber und wählen gleichzeitig je eines von drei möglichen Handzeichen *Schere*, *Stein* oder *Papier* (Abbildung 4.4). Dabei gibt es die folgenden Gewinner:

- *Stein* schlägt *Schere*,
- *Schere* schlägt *Papier*,
- *Papier* schlägt *Stein*.

Zeigen beide Spieler dasselbe Symbol, endet dieser Spielzug unentschieden. Das Spiel wird über mehrere Runden gespielt. Wer die meisten Spielzüge gewinnt, gewinnt das Spiel.

4.7.2 Aufgabenstellung

Sie haben die Aufgabe, ein *Schere-Stein-Papier*-Spiel zu implementieren, welches folgende Anforderungen erfüllt:

- Es kann eingegeben werden, wie viele Runden gespielt wird.
- Es wird ermittelt, wer das Spiel gewonnen hat.
- Sämtliche Funktionalitäten sind als Funktionen geschrieben.

Abbildung 4.4: Figuren und Handzeichen des Spiels Schere-Stein-Papier (Abbildung VonEnzoklop, CCBY-SA3.0, https://commons.wikimedia.org/w/index.php?curid=27958795).

4.7.3 Mögliche Zwischenschritte

Die Zwischenschritte der Aufgabe im Überblick:

- Schritt 1: Funktion für eine Figur
- Schritt 2: Figuren zweier Spieler speichern
- Schritt 3: Funktion zur Bewertung einzelner Spielzüge
- Schritt 4: Funktion zur Ermittlung des Gewinners

Schritt 1: Funktion für eine Figur

Schreiben Sie eine Funktion, die mit derselben Wahrscheinlichkeit *Schere*, *Stein* oder *Papier* zurückgibt. Die Funktion soll so oft aufgerufen werden, wie es Runden gibt.

Mögliche Ausgabe:

```
Wie viele Runden? 5
Schere, Papier, Schere, Stein, Schere
```

Schritt 2: Figuren zweier Spieler speichern

Speichern Sie die Figuren einzelner Spielzüge zweier Spieler in je einem Array.

Mögliche Ausgabe:

```
Wie viele Runden? 5
Spieler 1: Schere, Papier, Schere, Stein, Schere
Spieler 2: Papier, Papier, Stein, Papier, Papier
```

Schritt 3: Funktion zur Bewertung einzelner Spielzüge

Schreiben Sie eine weitere Funktion, welche einzelne Spielzüge bewertet und die erreichten Punkte für jeden Spieler in je einer Liste speichert.

Mögliche Ausgabe:

```
Wie viele Runden? 5
Spieler 1: Schere, Papier, Schere, Stein, Schere
Spieler 2: Papier, Papier, Stein, Papier, Papier
Spieler 1: 1, 0, 0, 0, 1
Spieler 2: 0, 0, 1, 1, 0
```

Schritt 4: Funktion zur Ermittlung des Gewinners

Schreiben Sie eine weitere Funktion, die bestimmt, wer das Spiel gewonnen hat.

Mögliche Ausgabe:

```
Wie viele Runden? 5
Spieler 1: Schere, Stein, Stein, Schere, Stein
Spieler 2: Schere, Schere, Stein, Papier, Schere
Spieler 1: 0, 1, 0, 1, 1
Spieler 2: 0, 0, 0, 0, 0
Spieler 1 hat gewonnen
3 : 0
```

4.7.4 Erweiterungen

- Bei einer **Monte-Carlo-Simulation** werden eine grosse Anzahl gleichartiger Zufallsexperimente durchgeführt und statistisch ausgewertet. Erweitern Sie Ihr Schere-Stein-Papier-Spiel zu einer Monte-Carlo-Simulation, mit dem Sie viele Experimente durchführen können.
- Testen Sie verschiedene Strategien, wie z.B.:
  - Spieler 2 wählt immer diejenige Figur, die Spieler 1 ein Spielzug vorher gespielt hat.
  - Spieler 2 wechselt die Figur, sobald er ein Spielzug verloren hat.
  - etc.

4.8 Bedingungen für die Präsentation

Führen Sie einer Assistentin oder einem Assistenten die erstellten Programme am Bildschirm vor und diskutieren Sie die durch die Simulation erzeugten Resultate. Überlegen Sie sich, wie Sie einem Laien folgende Fragen erklären würden:

- Wozu sind Funktionen gut?
- Welche Arten von Funktionen gibt es und wie kann man Sie unterscheiden?
- Wie funktioniert bei Funktionen die Wertübergabe?
- Wo sind lokale und globale Variablen gültig?
- Was ist der Sinn von Modulen? Wie können Module in Python-Programmen verwendet werden?

Die Begriffe dieses Kursmoduls sollten Sie mit einfachen Worten erklären können.

Programmieren mit Python oder MATLAB

Matrizenrechnen, Zufallsexperimente und Monte-Carlo-Simulationen

Einführung

Autoren:

Lukas Fässler, Markus Dahinden

Begriffe

Vektor	Skript-Datei
Matrix/Matrizen	Benutzereingaben
Dimension	Diskretisierung
Zeile (Row)	Zufallszahlen
Spalte (Column)	Zufallsexperiment
Index/Indizes	Stochastisches System
Schleife	Monte-Carlo-Simulation

Einführung

5.1 Modulübersicht

> **Hinweis zur Bearbeitung dieses Moduls**
>
> Die Aufgaben dieses Moduls können sowohl mit **MATLAB**® als auch mit **Python** (mit den Bibliotheken *numpy* und *matplotlib*) bearbeitet werden. Falls Sie dieses Modul im Rahmen eines Kurses absolvieren, informieren Sie sich, in welcher Programmiersprache dieses Modul bearbeitet werden soll.

Mit diesem Modul werden folgende Zielsetzungen verfolgt:

1. **Einführung in die Konzepte für die Verarbeitung von Vektoren und Matrizen**: Vektoren und Matrizen sind die grundlegende Datenstruktur von MATLAB® oder den Modulen *numpy* und *matplotlib* von Python. In diesem Modul erhalten Sie eine Einführung direkt in einer der beiden Programmierumgebungen.

2. **Transfer der Programmiergrundlagen in eine Matrix-orientierte Programmierumgebung**: Falls Sie neben Ihrer Erstsprache (z.B. Python) zusätzlich eine zur Verarbeitung von Matrizen spezialisierte Umgebung kennen lernen möchten, werden Sie in diesem Modul bereits bekannte Programmiergrundlagen (Variablen, Kontrollstrukturen, Funktionen etc.) transferieren und dabei Gemeinsamkeiten und Unterschiede feststellen.

3. **Zufallsexperimente und Monte-Carlo-Simulationen**: Ihr bisher angeeignetes Programmierwissen soll in diesem Modul dazu verwendet werden, um Computerbasierte Zufallsexperimente (so genannte *Monte-Carlo-Simulation*) durchzuführen, auszuwerten und die Resultate zu interpretieren.

5.2 Über die Nachbildung natürlicher Phänomene im Computer

Wie kommt eine Naturwissenschaftlerin oder ein Naturwissenschaftler an Messwerte, die sich unmöglich am realen Objekt unter realen Bedingungen gewinnen lassen? Wie in vielen anderen technischen Bereichen liefern auch hier **Simulationen** die gewünschten

Daten. Beispiele für solche Simulationen könnten Meeresströmungen oder die Darstellung eines Wirbeltierknochens im Computer sein, wie in Abbildung 5.1 illustriert ist. Um diese Art von Simulationen auszuführen, werden sogenannte **Finite-Elemente-Methoden** (FE-Methoden) angewandt.

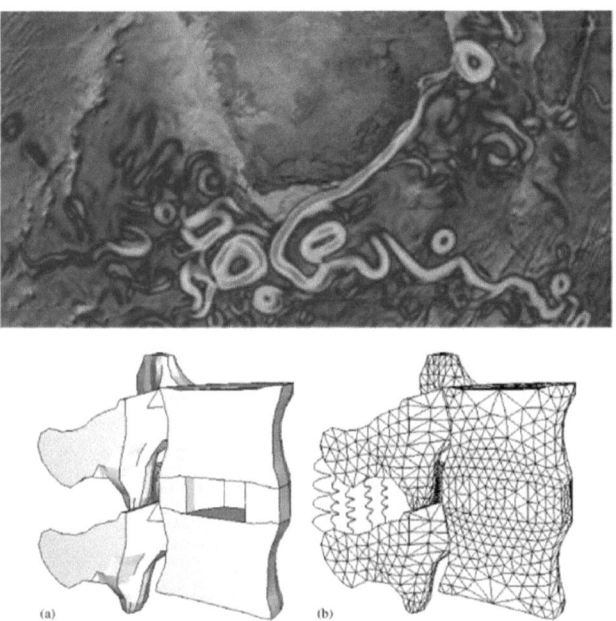

Abbildung 5.1: Beispiele von Simulationen unter Anwendung von FE-Methoden.

5.2.1 Mehr Einsicht durch höhere Rechenleistung

Mit der **FE-Methode** können Problemstellungen aus verschiedensten Disziplinen berechnet werden, indem das Berechnungsgebiet in eine grosse Zahl kleiner – aber endlich vieler – Elemente unterteilt wird. Die Elemente sind also endlich (*finit*) und nicht unendlich (*infinit*) klein, woraus sich der Name der Methode ableitet.

Auf diesen Elementen werden Ansatzfunktionen definiert, aus denen sich über **partielle Differentialgleichungen** und unter Einbezug der Randbedingungen ein grosses Gleichungssystem ergibt. Aus dem gelösten Gleichungssystem werden danach die gesuchten Resultate abgeleitet.

Ermöglicht wurde diese Art von Simulationen durch Fortschritte in der Computertechnologie (Rechenleistung) und durch neue Methoden der **numerischen Mathematik**

(Genauigkeit der Berechnungen). Für die Anwendung von FE-Methoden werden spezielle Softwarepakete eingesetzt, die auf leistungsfähigen Computern zum Einsatz kommen.

Uns interessiert der oben beschriebene Ansatz deshalb, weil viele **komplexe Probleme** aus so unterschiedlichen Bereichen wie Technik, Wirtschaft oder den Naturwissenschaften mit Gleichungssystemen gelöst werden können und weil heutzutage auch kostengünstige Computer bereits über genügend Leistung verfügen, um solche numerischen Methoden mit realistischem Aufwand anzuwenden. Dieses Modul ermöglicht einen einfachen Einstieg in diese Methodik.

5.2.2 Vereinfachung von Problemen durch Diskretisierung

In den für eine Problemlösung hergeleiteten Gleichungen kommen **unbekannte Grössen** vor, über die wir jedoch einiges wissen. Entstehen für die Lösung des Problems mehrere Gleichungen, dann sprechen wir von einem **Gleichungssystem**. Gelingt es, die unbekannten Grössen durch Lösen des Gleichungssystems rechnerisch zu bestimmen, dann ist auch das Problem gelöst.

Von besonderem Interesse im wissenschaftlich-technischen Rechnen ist die mathematische Modellierung **zeitlicher oder räumlicher Phänomene**. Dies führt in der Regel zu mehr oder weniger komplexen Differentialgleichungen, deren Lösung zu den kniffligeren Problemen der Mathematik gehört. Für die Lösung solcher Probleme gibt es prinzipiell zwei unterschiedliche Strategien:

1. Lösung durch Integration
2. Lösung durch Diskretisierung

Lösung durch Integration

Bei dieser Methode versucht man, durch Integration der Differentialgleichung eine mathematisch exakte Lösung als funktionalen Ausdruck formal zu bestimmen. Differentialgleichungen haben als Lösung Funktionen, die die Bedingungen ihrer Ableitungen erfüllen. Die Lösungsfunktion liefert damit hinsichtlich einer unabhängigen Variablen eine vollständige Beschreibung der Lösung.

Man kann demnach bei diesem analytischen Lösungsansatz das Verhalten der Differentialgleichung für beliebige Werte innerhalb des Definitionsbereiches der unabhängigen Variablen verfolgen. Man nennt diese Art der Lösung deshalb auch kontinuierliche Problemlösung. Dieser Lösungsweg kann wegen der erforderlichen Integration aber sehr schwierig oder gar unmöglich sein, denn es gibt Differentialgleichungen, deren Lösung sich nur sehr umständlich oder gar nicht durch eine Integralfunktion darstellen lässt.

Lösung durch Diskretisierung

Weil eine Lösung durch Integration bei den meisten Problemen in der wissenschaftlichen und technischen Praxis nicht möglich ist, werden sie häufig durch **Diskretisierung** näherungsweise gelöst. Diskretisierung ist ein zentraler Begriff in der numerischen Mathematik. Auch in der Technik wird er für die Zerlegung räumlicher Kontinua wie Oberflächen, geschwungener Linien etc. in kleine Abschnitte bzw. einzelne Punkte verwendet.

Eine Diskretisierung geschieht meist, indem Raum und Zeit durch ein Rechengitter in endlich viele Teile zerlegt werden. Die Ableitungen werden dann nicht mehr durch einen Grenzwert dargestellt, sondern durch Differenzen, formuliert als algebraische Ausdrücke, approximiert. Damit ergibt sich entweder eine direkte Lösungsvorschrift oder ein System von Differenzengleichungen für die jeweiligen diskreten Punkte, welches dann mittels numerischer Verfahren gelöst werden kann.

Man ersetzt das vollständige Integrieren einer Funktion also durch die näherungsweise Berechnung (des zu bestimmenden Integrals) in einem vorgegebenen Bereich. Um die Methode zu illustrieren, wählen wir die Funktion

$$f(x) = \left(\frac{1}{1+x^2} \right),$$

welche über dem Intervall $[0, 1]$ integriert werden soll.

Die analytische Lösung ist gegeben durch

$$\int_0^1 \left(\frac{1}{1+x^2} \right) dx = \arctan(1) - \arctan(0) = \frac{\pi}{4} - 0 \approx 0.785398$$

Abbildung 5.2 illustriert die Vorgehensweise bei der Diskretisierung des Intervalls in 10 Abschnitte.

Eine Näherung an die analytische Lösung wird durch die Summe der Rechtecksflächen unterhalb der Funktionskurve gegeben.

$$0.1 \cdot \left(\frac{1}{1+0.1^2} \right) + 0.1 \cdot \left(\frac{1}{1+0.2^2} \right) + 0.1 \cdot \left(\frac{1}{1+0.3^2} \right) + \cdots + 0.1 \cdot \left(\frac{1}{1+1^2} \right)$$

„Numerische Lösungen" dieser Art sind wesentlich einfacher zu berechnen, liefern aber keine ganz genauen Lösungen; in unserem Beispiel weicht die numerische Lösung um 0.025417 (ca. 3%) von der exakten Lösung ab. Solche numerischen Methoden können sogar unstabil sein (d.h. nicht gegen die wahre Lösung konvergieren) oder so ungenau rechnen, dass sie unbrauchbar sind.

Die berechnete Lösung der Differentialgleichung besteht auch nicht mehr aus einer (geschlossen darstellbaren) kontinuierlichen Funktion, sondern aus einer Menge einzelner,

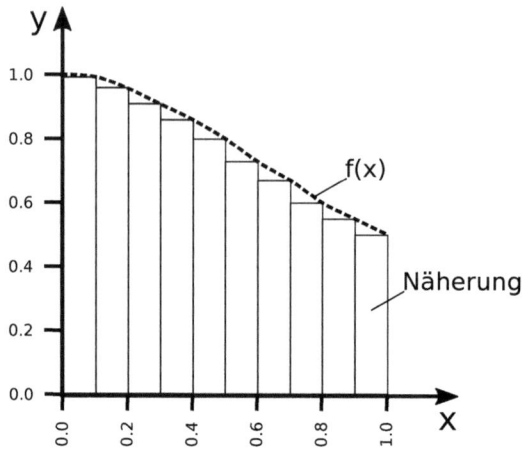

Abbildung 5.2: Diskretisierung des Intervalls in 10 Abschnitte.

diskreter Werte, die allerdings für praktische Anwendungen oft völlig ausreichen.

Bei gewissen Aufgabenstellungen ist die Diskretisierung durch das Problem bereits weitgehend vorgegeben. Das ist beispielsweise bei räumlichen Fachwerken oder Rahmenkonstruktionen der Fall, weil dort die einzelnen Stäbe, Balken oder unterteilten Balkenstücke die Teile der Aufgabe darstellen.

Eine Diskretisierung eindimensionaler Objekte führt zu einer Zerlegung in Teile, die in Vektoren gespeichert werden; für zwei- und höher-dimensionale Objekte kommen Matrizen zur Anwendung.

5.3 Mathematische Software

Für die Lösung diskretisierter Probleme sind deshalb Matrix-orientierte **Mathematik-Software** besonders vorteilhaft, weil diese es erlauben, dass Probleme der linearen Algebra in kompakter Form beschrieben und gelöst werden können. Mathematik-Software unterscheidet sich von anderen Softwarepaketen dadurch, dass sie speziell für mathematische Aufgabenstellungen optimiert ist. Es wird unterschieden zwischen **numerischen und symbolischen Methoden**.

Beispiele für symbolische Mathematik-Software sind Maple und Mathematica. Beide Pakete bieten auch numerische Methoden an. Beispiele für numerische Mathematik-Software sind MATLAB® (oder die Open-Source-Alternativen OCTAVE und SCILAB).

In Python erlauben die beiden Bibliotheken *numpy* und *matplotlib* eine ähnliche Funktionalität wie MATLAB®. Während *numpy* auf die effiziente Verarbeitung von Vektoren und Matrizen fokussiert, ermöglicht *matplotlib* vielfältige Datenvisualisierungen.

5.3.1 Vektoren und Matrizen in der Bibliothek numpy von Python

Die Erweiterungs-Bibliothek **numpy** (*Numeric Python*) von Python ermöglicht eine effiziente Handhabung von **Vektoren** und **Matrizen** und stellt zahlreiche Funktionen für numerische Berechnungen bereit (https://numpy.org/).

Bevor numpy genutzt werden kann, muss es installiert werden. Folgende Anweisung importiert numpy und benennt es in np um:

```
import numpy as np
```

Die ndarray-Datenstruktur

numpy basiert auf der *ndarray*-Datenstruktur. Im Gegensatz zur Listen-Datenstruktur von Python haben alle Elemente eines ndarrays *denselben* Datentyp. Da *numpy*-Arrays schneller sind als Python-Listen, sind sie in der wissenschaftlichen Welt weit verbreitet.

Beispiel für einen Vektor *a* mit 3 Elementen:

```
a = np.array([1,2,3])
```

optional kann zusätzilch der Datentyp angegeben werden:

```
a = np.array([1,2,3],int)
```

Grössere Vektoren können mit der Funktion zeros oder ones erstellt und mit einem Einheitswert initialisiert werden.

Beispiel für einen Vektor *b* mit 100 Elementen und Standardwert 0:

```
b = np.zeros(100)
```

Beispiel für einen Vektor *c* mit 100 Elementen und Standardwert 1:

```
c = np.ones(100)
```

Beispiel einer Matrix *A* mit 3×3 Elementen:

```
A = np.array([[1, 2, 3], [4, 5, 6], [7, 8, 9]])
```

Grössere Matrizen können wie folgt erzeugt und und mit einem Standardwert initialisiert werden:

```
B = np.zeros((100,100))
```

Die Matrize B hat 100×100 Elemente mit Standardwert 0.

5.3.2 Matrizen und Vektoren in MATLAB®

Matrizen sind die Grundelemente in MATLAB® (https://ch.mathworks.com/). **Vektoren** sind ein Spezialfall von Matrizen, nämlich solche mit entweder der Spaltenanzahl oder der Zeilenanzahl 1. Auch **Einzelvariablen** werden in MATLAB® als Matrizen ((1×1)-Matrizen) behandelt. Matrizen und Vektoren können auf verschiedene Arten erzeugt werden:

Element-Werte eingeben

```
[1 2 3; 4 5 6; 7 8 9]
```

erzeugt eine (3×3)-Matrix. Die Element-Werte werden mit eckigen Klammern umschlossen. Die Elemente einer Zeile werden durch Leerschläge getrennt. Die Zeilen werden durch Semikola (Strichpunkte) getrennt.

```
[1 2 3]
```

erzeugt einen horizontalen Vektor mit drei Werten.

```
[1; 2; 3]
```

erzeugt einen vertikalen Vektor mit drei Werten.

Namen für Vektoren und Matrizen

Um einmal eingegebene Vektoren und Matrizen später weiter verwenden zu können, werden diesen Namen gegeben. Man spricht von Vektor- oder Matrixvariablen. Der Variablenname besteht aus einem oder mehreren Buchstaben. Vektoren werden typischerweise mit Kleinbuchstaben bezeichnet und Matrizen mit Grossbuchstaben.

Beispiel für einen Vektor b:

```
b = [1; 2; 3]
```

Beispiel für eine Matrix A:

```
A = [1 2 3; 4 5 6; 7 8 9]
```

Initialisierung grosser Matrizen

Grosse Matrizen können wie folgt erzeugt und mit Werten initialisiert werden:

```
A (1:100, 1:100) = 5;
```

Hiermit wird eine (100×100)-Matrix A erzeugt, die mit lauter Fünfen gefüllt ist.

```
A(1, 1:10) = 5
```

füllt die Fünfen in der ersten Zeile in die Spalten 1 bis 10.

Weil die Initialisierung von Matrizen mit den Werten 0 oder 1 häufig vorkommt, gibt es hierfür je Kurzformen.

```
B = zeros(100,100);
```

initialisiert eine (100×100)-Matrix B mit lauter Nullen.

```
C = ones(100,100);
```

initialisiert eine (100×100)-Matrix C mit lauter Einsen.

Einige MATLAB-Sprachelemente (Auswahl)
Kommentare

```
% Kommentar in MATLAB
```

Was nach einem % steht, wird nicht ausgeführt (Kommentar).

Hilfe

```
help befehl
```

zeigt Hilfe zum Befehl `befehl` an.

Speicher löschen

```
clear;
```

```
clearvars;
```

entfernt alle Variablen aus dem aktuellen Workspace.

Vektoren

```
v = [1 2 3]
```

erzeugt einen (1×3)-Vektor v mit den Zahlen 1, 2 und 3.

```
v = [1; 2; 3]
```

erzeugt einen (3×1)-Vektor v mit den Zahlen 1, 2 und 3.

```
L = length(v)
```

speichert die Länge des Vektors v in L.

Matrizen

```
M = [11 12 13; 21 22 23]
```

erzeugt eine (2×3)-Matrix.

```
[h,b] = size(M)
```

speichert die Grösse einer Matrix M in den beiden Variablen h und b.

```
M(1,3)
```

entspricht dem Element $(1, 3)$ der Matrix M.

```
M(2,:)
```

entspricht der zweiten Zeile der Matrix M.

```
M(:,3)
```

entspricht der dritten Spalte der Matrix M.

```
M(2:4,1:3)
```

entspricht der (3×3)-Submatrix der Matrix M mit den Zeilen 2 bis 4 und den Spalten 1 bis 3.

```
A(1:20,1:100) = 5
```

erzeugt eine (20×100)-Matrix gefüllt mit Fünfen.

```
b = zeros(1,100);
```

initialisiert einen (1×100)-Vektor b mit lauter Nullen.

Operator	Ausdruck	Beschreibung
>	A > B	grösser als
<	A < B	kleiner als
==	A == B	gleich
~=	A ~= B	ungleich
>=	A >= B	grösser oder gleich
<=	A <= B	kleiner oder gleich

Tabelle 5.1: Relationale Operatoren in MATLAB.

Operator	Ausdruck	Beschreibung
&&	A && B	logische UND-Verknüpfung
||	A || B	logische ODER-Verknüpfung
~	~A	logische NOT-Verknüpfung

Tabelle 5.2: Logische Operatoren in MATLAB.

Operatoren

Fallunterscheidungen

```
p = true;
if (p == true)
    disp('Anweisung 1');
else
    disp('Anweisung 2');
end
```

führt Anweisung 1 aus (Bedingung trifft zu),

```
p = false;
if (p == true)
    disp('Anweisung 1');
else
    disp('Anweisung 2');
end
```

führt Anweisung 2 aus (Bedingung trifft nicht zu).

Schleifen

```
for i = 1:n
    disp(i);
end
```

führt die Anweisungen innerhalb der for-Schleife n-mal aus.

```
i=0;
while i < n
    i=i+1;
end
```

führt die Anweisungen innerhalb der while-Schleife n-mal aus.

```
break;
```

ermöglicht das sofortige Beenden von for- und while-Schleifen.

Funktionen

```
z = meineFunktion(5,10);
disp(z);

%Funktion "meineFunktion"
%mit den beiden Parametern pm1 und pm2 und
%der Rückgabevariablen rw

function [rw] = meineFunktion(pm1,pm2)
    rw = pm1*pm2;
end
```

Die Funktion *meineFunktion* wird aufgerufen und die Werte 5 und 10 an die beiden Parameter $pm1$ und $pm2$ übergeben. Das Resultat der Funktion (hier der Wert 50) wird über die Rückgabevariable rw zurückgegeben und in z gespeichert.

Zufall

```
rand();
```

liefert eine Pseudo-Zufallszahl zwischen 0 und 1.

```
randi([a,b]);
```

liefert eine ganzzahlige Pseudo-Zufallszahl im Intervall a bis b.

5.4 Monte-Carlo-Simulationen: Computerbasierte Zufallsexperimente

Die **Monte-Carlo-Simulation** ist ein Verfahren aus der Stochastik, bei dem sehr häufig wiederholte **Zufallsexperimente** die Grundlage bilden. Aus den Ergebnissen der Simulation wird versucht, mit Hilfe der Wahrscheinlichkeitstheorie analytisch unlösbare Probleme numerisch zu lösen.

Die Abbildungen 5.3 und 5.4 visualisieren die experimentelle Annäherung an die Kreiszahl Pi mittels Monte-Carlo-Methode. Mit Hilfe von Zufallszahlen werden Punkte innerhalb eines Quadrates erzeugt und die Anzahl ermittelt, die innerhalb des Kreises liegen. Mit der Erhöhung der Anzahl der Zufallsexperimente kann ein immer präziseres Ergebnis erzielt werden. Nach dem *Gesetz der grossen Zahlen* wird die Wahrscheinlichkeit, dass ein „falsches" Ergebnis berechnet wird, immer geringer.

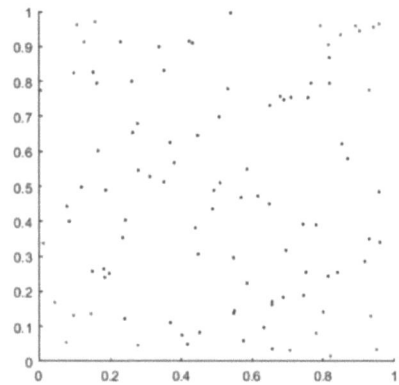

Abbildung 5.3: Bestimmung der Zahl Pi mittels Monte-Carlo-Simulation. Es werden Paare von Zufallszahlen geniert, welche einen Punkt in einem Quadrat erzeugen. Punkte, die innerhalb des Kreises liegen, werden als Treffer betrachtet.

Bei einer Monte-Carlo-Simulation wird typischerweise wie folgt vorgegangen:

- Für ein vorliegendes Problem wird ein stochastisches Modell entwickelt. Für unbekannte Parameter werden Zufallszahlen bestimmt.
- Anhand des Modells werden eine grosse Anzahl an Zufallsexperimenten durchgeführt.
- Die Ergebnisse der Zufallsexperimente werden ausgewertet und auf den statistischen Parameter geschätzt.
- Die gewonnene Schätzung wird abschliessend als Lösung eines mathematischen Problems interpretiert.

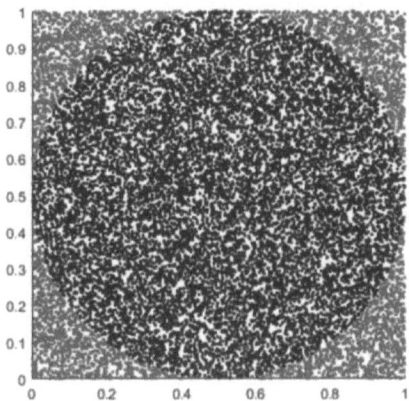

Abbildung 5.4: Bestimmung der Zahl Pi mittels Monte-Carlo-Simulation. Mit der Erhöhung der Anzahl der Experimente kann die Kreiszahl Pi näherungsweise
bestimmt werden.

Selbstständiger Teil

5.5 Überblick

Der selbstständige Teil dieses Kurses besteht aus zwei Teilen:

- Teil A: Galton-Board. Bei dieser Aufgabe simulieren Sie ein stochastisches System.
- Teil B: Monte-Carlo-Simulation des Geburtstagsparadoxons.

> **Hinweis zur Bearbeitung dieses Moduls**
>
> Die Aufgaben dieses Moduls können sowohl mit **MATLAB**® als auch mit **Python** (mit den Bibliotheken *numpy* und *matplotlib*) bearbeitet werden. Falls Sie dieses Modul im Rahmen eines Kurses absolvieren, informieren Sie sich, in welcher Programmiersprache dieses Modul bearbeitet werden soll.

5.6 Teil A: Modellierung eines stochastischen Systems

5.6.1 Einleitung

Das *Galton-Board* (benannt nach *Francis Galton*) ist ein Modell eines „Nagelbretts" zur Demonstration und Veranschaulichung der Binomialverteilung, einer Wahrscheinlichkeitsverteilung, die in vielen Zufallsexperimenten eine Rolle spielt.

In Abbildung 5.1 ist ein mögliches *Galton-Board* visualisiert. Von einer Startposition rollt eine Kugel eine schiefe Ebene hinunter, trifft auf eine Reihe von Nägeln und landet schlussendlich in einem Auffangbehälter. Nachdem die Kugel auf den ersten Nagel getroffen ist, wird ihr Weg mit gleicher Wahrscheinlichkeit rechts oder links vom Nagel fortgesetzt. Nach einer bestimmten Anzahl von Entscheidungen, d.h. wenn die Kugel durch das ganze Nagelbrett gerollt ist, landet sie mit einer gewissen Wahrscheinlichkeit in einem der Behälter.

Der Weg einer einzelnen Kugel kann nicht vorausgesagt werden. Wird hingegen eine grosse Anzahl Kugeln nacheinander durch das System geschickt, findet man eine charakteristische Wahrscheinlichkeitsverteilung in den Behältern. Diese Wahrscheinlichkeiten heissen Bernoulli-Zahlen und stellen eine Binominalverteilung dar.

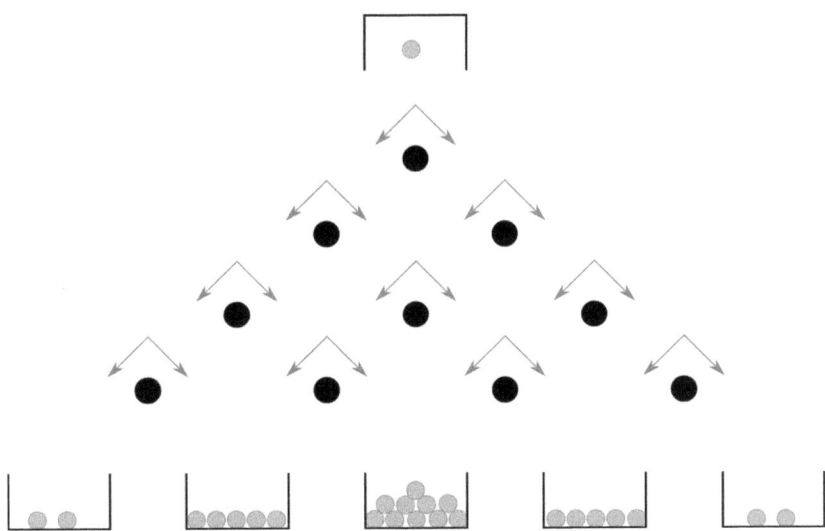

Abbildung 5.1: Nagelbrett der Höhe vier. Bei jedem Nagel (schwarzer Kreis) wird die Kugel (graue Kreise) zufällig nach links oder rechts abgelenkt.

Bei **stochastischen Systemen** können wir bei einem Einzelereignis nicht voraussagen, wie es sich verhalten wird. Summieren wir hingegen die Einzelprozesse, kann ein im Voraus einschätzbares (deterministisches) System simuliert werden.

5.6.2 Aufgabenstellung

Sie haben die Aufgabe, eine *Galton-Board*-Simulation zu programmieren, welche folgende Anforderungen erfüllt:

- Es können verschiedene Werte für die **Höhe** und **Anzahl Kugeln** eingegeben werden.
- Als Resultat sollen die **Anzahlen der Kugeln** in den einzelnen Behältern ausgegeben und visualisiert werden (siehe Abbildung 5.2). Wir verzichten auf eine detaillierte Abbildung des Modells auf dem Bildschirm.

5.6.3 Zwischenschritte

Die Zwischenschritte der Aufgabe im Überblick:

- Schritt 1: Entscheidung einer Kugel an einem Nagel

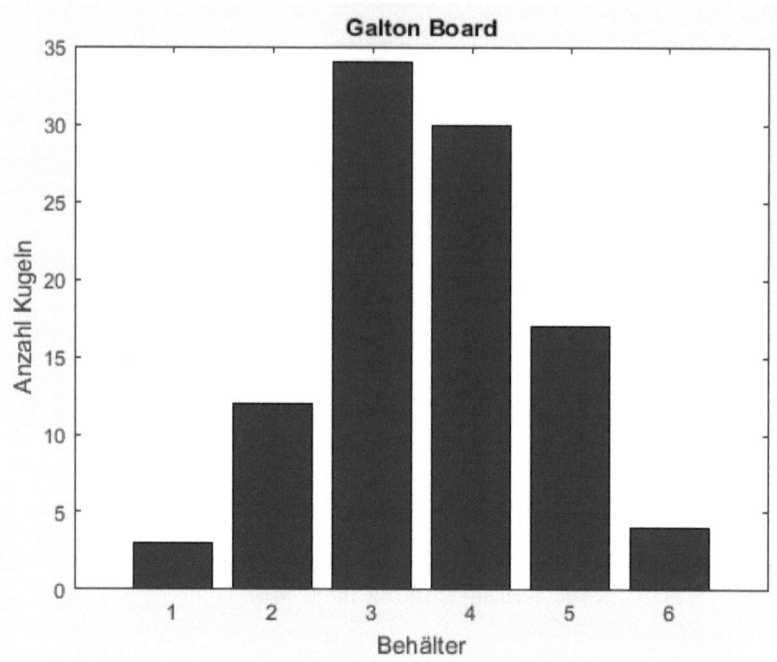

Abbildung 5.2: Mögliche Ausgabe des Programms nach Eingabe der Werte 5 und 100.

- Schritt 2: Höhe dynamisch gestalten
- Schritt 3: Position einer Kugel nach einem Nagelbrett-Durchlauf
- Schritt 4: Kugel-Behälter einbauen
- Schritt 5: Position in Behälternummer umrechnen
- Schritt 6: Zähler für viele Kugeln einbauen
- Schritt 7: Visualisierung des Resultats

Schritt 1: Entscheidung einer Kugel an einem Nagel

- Generieren Sie eine Zufallszahl für eine 50:50-Entscheidung.

Als erstes schauen wir uns das Ereignis einer Kugel an einem Nagel an. Trifft eine Kugel auf dem Nagelbrett auf einen Nagel und rollt dann mit gleicher Wahrscheinlichkeit entweder links oder rechts weiter, stellt dies bezüglich der Wahrscheinlichkeit dasselbe Problem dar, wie wenn wir bei einer Münze auf *Kopf* oder *Zahl* setzen können – eine 50:50-Wahrscheinlichkeitsentscheidung.

Da wir beim Programmieren weder eine Münze noch ein Nagelbrett und eine Kugel zur Verfügung haben, müssen wir versuchen, das Problem mathematisch zu definieren: Zunächst wird eine **Zufallszahl** generiert, welche dann anhand eines definierten Grenzwertes in zwei Bereiche „links" oder „rechts" bzw. 0 und 1 unterteilt werden kann.

- Weisen Sie der generierten Zufallszahl je nach Höhe ihres Wertes die Zahl 0 oder 1 zu.

Eine 50:50-Entscheidung sollte den gewählten Zahlenraum in zwei gleich grosse Teile unterteilen. Für jeden Fall weisen wir je ein Resultat zu. An Stelle von „links" oder „rechts" setzen wir hier eine neue Variable auf die beiden Werte 0 oder 1, weil wir diese rechnerisch weiter verwenden können.

Mögliche Ausgaben:

```
Zufallszahl:
0.3833
Variablenwert:
0

Zufallszahl:
0.7287
Variablenwert:
1
```

Schritt 2: Höhe dynamisch gestalten

- Wiederholen Sie die Entscheidungsprozesse für die Nagelbretthöhe h.

Auf einem Nagelbrett durchläuft eine Kugel eine Reihe solcher im letzten Schritt programmierter Entscheidungsprozesse. Wie viele Entscheidungsprozesse aufeinander folgen, ist abhängig von der **Anzahl der Nagelreihen**, also der **Höhe des Nagelbrettes**.

Mögliche Ausgaben:

```
Höhe? 5
1
0
0
1
0
```

Schritt 3: Position einer Kugel nach dem Nagelbrett-Durchlauf

- Bestimmen Sie die Position einer Kugel nach dem Nagelbrett-Durchlauf der Höhe h und geben Sie diese in der Konsole aus. Welche möglichen Werte gibt es?

Mögliche Ausgaben:

```
Höhe? 4
1
1
1
0

Summe:
3

Höhe? 5
0
0
1
0
1

Summe:
2
```

Schritt 4: Kugel-Behälter einbauen

Damit wir mehrere Kugeln durch unser Nagelbrett schicken können, brauchen wir am Ende des Nagelbretts „Behälter", in denen die Kugeln aufgefangen und dann später gezählt werden. Die Anzahl der Behälter hängt ebenfalls von der gewählten Höhe ab.

- Berechnen Sie die Anzahl der Behälter.
- Stellen Sie für jeden Behälter Speicherplatz als Zelle in einem dynamischen Vektor zur Verfügung.
- Geben Sie die entsprechenden Speicherplätze am Bildschirm aus (sie enthalten momentan noch jeweils den Wert 0).

Hinweis: Beachten Sie, dass die Anzahl der Behälter mit der Höhe des Nagelbretts zusammenhängt.

Mögliche Ausgabe:

```
Höhe? 5
0
1
1
0
1

Summe:
3

Kugeln in den Behaeltern:
0       0       0       0       0       0
```

Schritt 5: Position in Behälternummer umrechnen

- Berechnen Sie die Nummer des Behälters, in den eine Kugel nach dem Durchlauf durch das Nagelbrett mit einstellbarer Höhe gefallen ist.

> **Tipp:** Die Position nach dem Durchlauf einer Kugel durch das Nagelbrett ist in Ihrem momentanen Programm die Summe der Einzelentscheidungen abhängig von der Höhe (z.B. 0, 1, 2, 3 oder 4 für die Höhe 4). Die Behälter sind als Vektor repräsentiert, dessen Grösse mit der Höhe variiert. Um mit der Position den Indexwert des Vektors ansprechen zu können, muss der Wert der Position noch um 1 erhöht werden.

Mögliche Ausgabe:

```
Höhe? 5
0
1
1
0
1

Summe:
3

gelandet in Behälter:
4

Kugeln in den Behaeltern:
0    0    0    0    0    0
```

Schritt 6: Zähler für viele Kugeln einbauen

- Wiederholen Sie die Entscheidungsprozesse für **viele Kugeln** und das **Zählen der Anzahl Kugeln** im entsprechenden Behälter.

Zwischenschritte:

- Programmieren Sie eine Eingabemöglichkeit für die Anzahl Kugeln.
- Wiederholen Sie für jede Kugel den Weg durch das Nagelbrett.
- Erhöhen Sie in jenem Behälter die Anzahl Kugeln, in den sie gefallen ist.

> **Tipp:** Die Summe der Einzelentscheidungen einer Kugel muss für jede Kugel wieder bei 0 beginnen.

Mögliche Ausgabe:

```
Höhe? 5
Anzahl Kugeln? 100
...
...
...
Kugeln in den Behaeltern:
5    15    39    29    9    3
```

Schritt 7: Visualisierung des Resultats

- Stellen Sie die berechneten Resultate grafisch dar.

> **Tipp:** Mit dem Befehl `pause (Zeitdauer in Sekunden)` (Python pyplot: `plt.pause (Zeitdauer in Sekunden)`, SCILAB: `sleep (Zeitdauer in Millisekunden)`) kann das Programm eine kurze Zeit angehalten werden.

5.7 Teil B: Monte-Carlo-Simulation des Geburtstagsparadoxons

5.7.1 Einleitung

Beim *Geburtstagsproblem* (auch *Geburtstagsparadoxon*) geht es um die Frage, wie gross die Wahrscheinlichkeit ist, dass in einer Gruppe von Personen mindestens zwei am gleichen Tag Geburtstag haben.

Ausgangslage

Als Ausgangslage dient eine Umsetzung des Modells. Dabei wurden folgende vereinfachende Annahmen getroffen:

- Ein Jahr hat 365 Tage.
- Jeder Tag kommt mit gleicher Wahrscheinlichkeit als Geburtstag in Frage.
- Es besteht keine Abhängigkeit zwischen den Geburtstagen verschiedener Personen (d.h. es gibt keine Zwillinge).
- Laden Sie folgendes Programm in Ihre Programmierumgebung und studieren Sie das Resultat.

Version MATLAB

```matlab
% Anzahl Tage im Jahr
d = 365;

% Was soll die groesste Gruppe sein, welche betrachtet wird?
max_people = 100;

% Initialisierung aller Wahrscheinlichkeiten auf 1
% (neutrales Element der Multiplikation)
math_results = ones(1, max_people);

% p geht von 1 bis max_people
% Fuer jedes n berechnen wir die gesuchte Wahrscheinlichkeit

for p = 1:max_people

    % Berechnung der Reihe
    % 365/365 * 364/365 * ... * (365 -n + 1)/365
    for i = 1 : p
        math_results(p) = math_results(p) * (d - i + 1) / d;
    end

    % Das Resultat ist die inverse Wahrscheinlichkeit
    math_results(p) = (1 - math_results(p))*100;
end

% Visualisierung des Resultats
plot(math_results);
grid on;
xlabel('Anzahl Personen');
ylabel('Wahrscheinlichkeit');
```

Version Python

```python
import random as rd
import matplotlib.pyplot as plt
import numpy as np

# Anzahl Tage im Jahr
d = 365

# Was soll die groesste Gruppe sein, welche betrachtet wird?
max_people = 100


# Initialisierung aller Wahrscheinlichkeiten auf 1
# (neutrales Element der Multiplikation)
math_results = np.ones(max_people)

# p geht von 1 bis max_people
# Fuer jedes n berechnen wir die gesuchte Wahrscheinlichkeit

for p in range(max_people):

    # Berechnung der Reihe
    # 365/365 * 364/365 * ... * (365 -n + 1)/365
    for i in range(p):
        math_results[p] = math_results[p] * (d - i + 1) / d

    # Das Resultat ist die inverse Wahrscheinlichkeit
    math_results[p] = (1 - math_results[p]) * 100


# Visualisierung des Resultats
plt.xlabel("Anzahl Personen")
plt.ylabel("Wahrschinlicheit")

plt.minorticks_on()
plt.grid()
plt.grid(which='minor', linestyle=':')

plt.plot(math_results)
plt.show()
```

Mit Hilfe dieses Programms können wir die Frage beantworten, bei wie vielen zufällig ausgewählten Personen die Wahrscheinlichkeit 50% beträgt, dass mindestens zwei von ihnen am selben Tag Geburtstag haben.

An diesem Beispiel kann man sehen, wie weit Erwartung und mathematische Wahrheit auseinanderklaffen können. Viele würden nämlich vermuten, dass die 50-Prozent-Marke für einen Doppelgeburtstag bei 183 Personen liegt (der aufgerundeten Hälfte von 365). Aus der Visualisierung des obigen Programms kann man allerdings herauslesen, dass diese 50-Prozent-Marke schon bei **23 Personen** liegt. Ab 60 Personen liegt die Wahrscheinlichkeit bereits sehr nahe bei 100%.

Wie könnten wir kontrollieren, ob dieses Modell stimmt?

Folgende Möglichkeiten bieten sich an:

- Sehr viele reale Gruppen bilden und die Resultate auswerten.
- Mit einer Simulation mit zufälligen Geburtstagen und dem Zählen der Häufigkeiten pro Tag (Monte-Carlo-Simulation).

Die **Monte Carlo-Simulation** ist eine Computer-basierte mathematische Methode, bei der wir „digitale Münzen" werfen und beobachten, was passiert. Die Experimente werden wiederholt und eine Statistik berechnet.

5.7.2 Aufgabenstellung

Sie haben die Aufgabe, eine **Monte-Carlo-Simulation des Geburtstagsparadoxons** zu programmieren, welche folgende Anforderungen erfüllt:

- Es können verschiedene Werte für die **maximale Anzahl Personen** und die **Anzahl der durchgeführten Experimente** eingegeben werden.
- Als Resultate sollen die Wahrscheinlichkeiten für einen Doppelgeburtstag bei **aufsteigender Personenzahl** berechnet und visualisiert werden (siehe Abbildung 5.3).

5.7.3 Zwischenschritte

Die Zwischenschritte der Aufgabe im Überblick:

- Schritt 1: Einen Geburtstag zufällig generieren
- Schritt 2: Geburtstage für eine bestimmte Anzahl Personen generieren
- Schritt 3: Geburtstage paarweise miteinander vergleichen und Treffer zählen
- Schritt 4: Viele Experimente durchführen
- Schritt 5: Mindestens ein Paar identisch...?

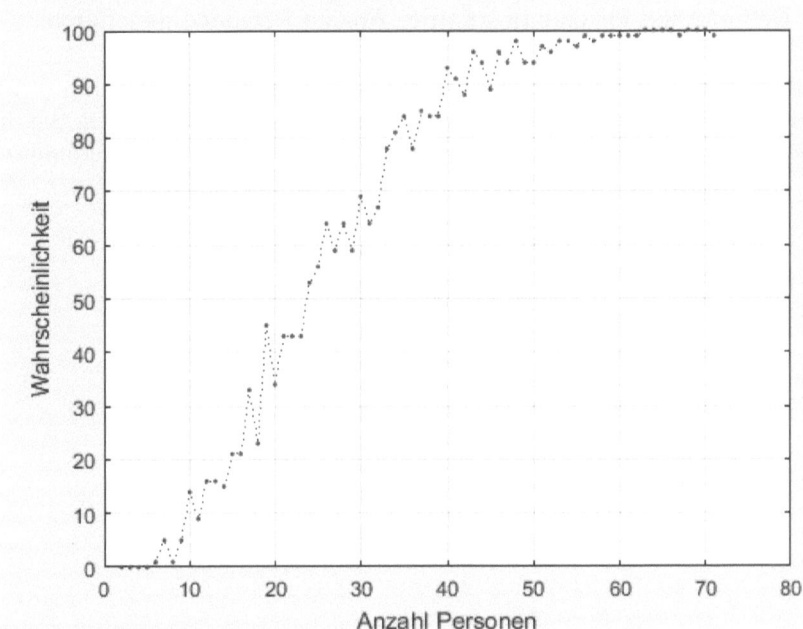

Abbildung 5.3: Mögliche Ausgabe des Programms bei 70 Personen und 100 Experimenten.

- Schritt 6: Anzahl Paare zusammenzählen
- Schritt 7: Anzahl Personen schrittweise erhöhen
- Schritt 8: Visualisierung des Resultats

Schritt 1: Einen Geburtstag zufällig generieren

- Generieren Sie zufällig einen Geburtstag (ganzzahliger Wert zwischen 1 und 365).

Mögliche Ausgaben:

```
97
353
128
```

Das Intervall ist auf 1 bis 365 eingestellt. Die im Beispiel ausgegebenen Werte würden (nach dreimaligem Programmstart) dem 7. April, 19. Dezember und 8. Mai entsprechen.

Schritt 2: Geburtstage für eine bestimmte Anzahl Personen generieren

- Wiederholen Sie das Generieren der Geburtstage für eine bestimmte Anzahl Personen (z.B. 40 Personen) und speichern Sie die Werte. Definieren Sie die Anzahl Personen als Variable (z.B. *max_people*), damit Sie sie später verändern können.

Mögliche Ausgaben:

```
70
37
94
234
...
163
70
```

Schritt 3: Geburtstage paarweise miteinander vergleichen und Treffer zählen

- Vergleichen Sie die generierten Geburtstage paarweise.
- Prüfen Sie, ob Geburtstage doppelt vorkommen.
- Zählen Sie die doppelten Werte.

Vergleich von Vektor-Elementen (ohne Duplikate)

Um einzelne Elemente eines Vektors a paarweise miteinander zu vergleichen und gleichzeitig Vergleichsduplikate zu vermeiden, kommt folgendes Programmkonstrukt mit einer **geschachtelten Schleife** zum Einsatz:

Version MATLAB

```
for i=1:p-1
  for j=i+1:p
    if a(i) == a(j)
      % Hier steht die Anweisung, die im Falle
      % einer Übereinstimmung ausgeführt wird
    end
  end
end
```

Version Python

```
for i in range(p-1):
  for j in range(i+1, p):
    if a[i] == a[j]:
      # Hier steht die Anweisung, die im Falle
      # einer Übereinstimmung ausgeführt wird
```

Ziel ist es, das erste Vektor-Element mit dem zweiten zu vergleichen, dann das zweite mit dem dritten. So geht das weiter, bis zum letzten Vergleich (das zweitletzte mit dem letzten Vektor-Element). Eine erste (äussere) Schleife wird ein Mal weniger ausgeführt, als es Vektoren-Elemente gibt. Die Laufvariable der Schleife organisiert den Zugriff auf das vordere Element des Vektors. Innerhalb der äusseren Schleife befindet sich eine weitere (innere) Schleife. Um doppelte Vergleiche zu vermeiden, wird die Laufvariable der äusseren Schleife jeweils um 1 erhöht und in einer neuen Laufvariablen gespeichert. Diese Schleife läuft bis zur vollständigen Anzahl an Vektor-Elementen. Diese zweite Laufvariable organisiert den Zugriff auf das hintere Element des Vektors.

Mögliche Ausgaben:

```
...
70
...
163
...
70
...
163

Anzahl Treffer:
2
```

Schritt 4: Viele Experimente durchführen

- Führen Sie das Experiment eine bestimmte Anzahl Male (z.B. 100 Mal) durch. Definieren Sie die Anzahl der Experimente als Variable (z.B. *experimente*), damit Sie sie später verändern können.
- Stellen Sie Speicherplatz als neuen Vektor zur Verfügung, um die Resultate für jedes Experiment abzuspeichern.

> **Tipp:** Die Anzahl gefundener Paare sollte bei jedem neuen Versuch wieder bei 0 beginnen.

Mögliche Ausgaben:

```
Anzahl Treffer:
5
Anzahl Treffer:
7
...
...
Anzahl Treffer:
6
Anzahl Treffer:
5
```

Schritt 5: Mindestens ein Paar identisch...?

- Stellen Sie einen neuen Vektor zur Verfügung, um die Resultate der einzelnen Experimente abzuspeichern.
- Prüfen Sie bei jedem Durchgang, ob mindestens ein Paar gefunden wurde und setzen Sie in diesem Fall den Zähler (das entsprechende Vektor-Element) auf 1 und sonst auf 0.

> **Tipp:** Die Grösse des Vektors entspricht der Anzahl an Experimenten. Der Index-Wert entspricht der bei Schritt 4 eingeführten Laufvariablen, welche die Anzahl der Experimente zählt.

Mögliche Ausgabe:

```
1  0  1  1  1  1  1  0  1 .... 0  1  1  1  1
```

Schritt 6: Anzahl Paare zusammenzählen

- Zählen Sie die Anzahl der gefundenen Paare zusammen.

Mögliche Ausgabe:

```
Summe:
87
```

Schritt 7: Anzahl Personen schrittweise erhöhen

- Erhöhen Sie die Anzahl der Personen schrittweise, beginnend bei einer Person bis zum Wert der Variablen, die für die maximale Anzahl Personen steht (z.B. *max_people*).

Dies soll folgende Situation simulieren: Wir haben einen Raum, in den wir immer eine Person mehr hineinlassen und ein Experiment durchführen.

> **Tipp:** Passen Sie die Vergleiche so an, dass die aktuelle Vektor-Grösse berücksichtigt wird.

Mögliche Ausgabe:

```
0   0   0   1   2   2   3  ....  82   87   87   85   86
```

Schritt 8: Visualisierung des Resultats

- Stellen Sie die berechneten Resultate grafisch dar.
- **Zusatz:** Integrieren Sie auch die Werte des berechneten Modells in ihre Grafik.

5.8 Bedingungen für die Präsentation

Führen Sie einer Assistentin oder einem Assistenten Ihre Programme am Bildschirm oder in ausgedruckter Version vor.

Überlegen Sie sich, wie Sie einem Laien folgende Fragen erklären würden:

- Wie werden Variablen, Vektoren und Matrizen gespeichert?
- Wie werden Elemente von Matrizen adressiert?
- Wie wird mit Schleifen auf Elemente von Vektoren und Matrizen zugegriffen?
- Wie interpretieren Sie die Resultate Ihrer Simulationen?
- Wie funktioniert eine Monte-Carlo-Simulation?

Die Begriffe dieses Kursmoduls sollten Sie mit einfachen Worten erklären können.

Programmieren mit Python Modul 6

Klassen und Objekte

Theorieteil

Autoren:

Lukas Fässler, Marco Schmid

Begriffe

Klassen	Attribut
Objekte	Objekt-Methode
Objekt-Eigenschaft	Referenz

Theorieteil

6.1 Modulübersicht

Je grösser ein Programm wird, desto wichtiger ist es Ordnung zu halten. Ein Konzept, um die Übersicht besser zu behalten, ist die *Modularisierung*. Das heisst, dass wir unser Programm in einzelne, kleinere Komponenten aufteilen. Im Kapitel zu *Funktionen* haben wir bereits eine mögliche Variante der Modularisierung gesehen, indem die Ausführung von gewissen Codezeilen einer Funktion übergeben wurde.

In diesem Kapitel beschäftigen wir uns mit **Objekten und Klassen**. Die Idee dahinter ist, dass unsere Welt aus Objekten besteht, wie z.B. Personen, Autos, Bäume, Häuser, Länder, Werkzeuge und Schuhe. Jedes dieser Objekte hat bestimmte Charakteristiken und kann andere Objekte beeinflussen. Eine Klasse stellt eine Beschreibung ("Schablone" oder "Bauplan") für Objekte dar, die durch gleiche oder ähnliche Eigenschaften und Verhaltensweisen charakterisiert sind. Von einer Klasse können mehrere Objekte (*Exemplare* oder *Instanzen*) erzeugt werden. Dies ist eine sehr intuitive Beschreibung des Konzepts der objektorientierten Programmierung.

6.2 Klassen definieren und Objekte erstellen

6.2.1 Einführung

Objekte dienen dazu, **Daten (Variablen)** und ihre dazugehörigen **Funktionalität (Methoden)** als eine Einheit zu verwalten. Aus welchen Variablen und Methoden ein Objekt aufgebaut ist, wird in der zugehörigen **Klasse** festgelegt.

Beispiel: Eine Klasse Person kann z. B. folgende Variablen `name`, `vorname`, `jahrgang` und `beruf` vorgeben. Dazu können nun Objekte (verschiedene Personen) erstellt werden:

	Name	Vorname	Jahrgang	Beruf
p1	Mueller	Hans	1942	Maurer
p2	Meier	Maria	1954	Elektrikerin
p3	Koller	Andreas	1991	Student

Die Klasse (analog zur Tabellenüberschrift) gibt an, dass in den Objekten (hier die einzelnen Zeilen) die Variablen `name`, `vorname`, `jahrgang` und `beruf` abgespeichert werden sollen. Die zugehörigen Objekte `p1`, `p2` und `p3` sehen wie folgt aus:

p1: Person	p2: Person	p3: Person
name: Mueller	name: Meier	name: Koller
vorname: Hans	vorname: Maria	vorname: Andreas
jahrgang: 1942	jahrgang: 1954	jahrgang: 1991
beruf: Maurer	beruf: Elektrikerin	beruf: Student

Objektmethoden arbeiten mit diesen Informationen. Über eine Methode kann man zum Beispiel die Informationen über eine Person abfragen oder die Informationen updaten. Dabei gilt, dass die Methoden für jedes Objekt existieren und deshalb mit den Variablenwerten (Zustände) des zugehörigen Objekts arbeiten.

6.2.2 Klassen

Eine Klasse enthält die Vorschrift, was alles zu einem Objekt gehört. In unserem Fall sind dies Name, Vorname, Jahrgang und Beruf. Eine Klasse wird mit dem Befehl `class` definiert.

Schreibweise:

```
class Person:
    pass
    # Eigenschaften des Objekts ( Objektvariablen )
    # Funktionalität des Objekts ( Objektmethoden )
```

6.2.3 Objekte

Objekte (Instanzen) der Klasse `Person` können nun wie folgt erstellt werden:

```
>>> p1 = Person(); p2 = Person(); p3 = Person()
>>> p1;p2;p3
<__main__.Person object at 0 x7f292a1f5dd8 >
<__main__.Person object at 0 x7f292a1f5c50 >
<__main__.Person object at 0 x7f292a1f5d30 >
```

Wichtig: Eine **Klasse** ist eine Konstruktionsvorlage für Objekte, d.h. es ist wie eine Art **Bauplan**. Ein **Objekt** hingegen ist eine **konkrete Umsetzung** eines solchen Bauplans.

6.2.4 Instanzvariablen (Attribute)

Instanzvariablen charakterisieren alle Elemente, welche in jedem Objekt vorkommen. Sie sind die Eigenschaften, welche in einem Objekt gespeichert werden. In diesen Variablen kann der Zustand eines Objekts gespeichert werden. Dies kann im Beispiel von vorher auf folgende Art geschehen:

```
>>> p2.name = "Meier"
>>> p2.vorname = "Maria"
>>> p2.jahrgang = 1954
>>> p2.beruf = "Elektrikerin"
```

6.2.5 Die __init__()-Methode

Instanzvariablen können auch gleich bei der Erzeugung des Objektes initialisiert werden. Auf diese Weise kann sichergestellt werden, dass kein Objekt ohne Instanzvariablen erstellt werden kann. Dies geschieht mittels der __init__()-Methode und sieht in unserer Beispielklasse Person folgendermassen aus:

```
class Person:
    def __init__ (self, name, vorname, jahrgang, beruf):
        self.name = name
        self.vorname = vorname
        self.jahrgang = jahrgang
        self.beruf = beruf
```

Das erste Argument `self` bei `__init__()` ist eine Referenz auf sich selbst. Auf diese Weise ist z.B. die Zuordnung

```
        self.name = name
```

in der Klasse `Person` unmissverständlich. Das heisst `self.name` steht für die Instanzvariable des Objekts, welches erstellt wird und `name` steht für das Argument welches der Funktion `__init__()` übergeben wird. Natürlich kann man die Argumente auch anders benennen. Jedoch sollte klar ersichtlich sein, welches Argument zu welcher Instanzvariable gehört.

Nun können die Instanzvariablen gleich bei der Erzeugung des Objektes gesetzt werden.

```
>>> p2 = Person("Furrer", "Jakob", 1939 , "Automatiker")
>>> print(p2.name, p2.vorname, p2.jahrgang, p2.beruf)
Furrer Jakob 1939 Automatiker
```

6.2.6 Objektmethoden

Klassen können nicht nur Daten in Form von Variablen speichern, sondern auch Funktionalitäten anbieten. Diese Funktionalität ermöglicht die Verarbeitung der Daten.

Die Funktionalität wird mit Objektmethoden, meist einfach als *Methoden* bezeichnet, modelliert. Die Methoden arbeiten mit den Instanzvariablen. Meistens sind sie dazu da, die Variablen zu verändern, ihren Wert bekannt zu geben, oder aufgrund von mehreren Variablen einen Zustand zu berechnen.

Für die Klasse `Person` kann z.B. eine Methode angeboten werden, welche die Informationen zu einer Person ausgibt (`print`). Eine weitere Methode gibt das Alter der Person zurück, wenn das aktuelle Jahr übergeben wird (`getAlter`):

```
class Person:
    def __init__(self, name, vorname, jahrgang, beruf):
        self.name = name
        self.vorname = vorname
        self.jahrgang = jahrgang
        self.beruf = beruf


    def print(self):
        print(self.name + " " + self.vorname )

    def getAlter(self, jahr):
        alter = jahr - self.jahrgang
        return alter
```

Einer Objektmethode stehen ausser den Argumenten, welche der Methode übergeben werden, auch noch die Instanzvariablen (Attribute), gekennzeichnet durch `self`, zur Verfügung.

Hinweis: Die Objektmethoden sind nur Objekten derselben Klasse vorbehalten.

```
>>> p1.print ()
Meier Maria
>>> p2.getAlter(2018)
79
```

Eine Eingabe wie

```
>>> a = 1
>>> a.getAlter(2018)
```

wird eine Fehlermeldung produzieren. Die Variable a beinhaltet ein Integer-Objekt. Integer-Objekte besitzen keine Funktion `getAlter()` und können somit nicht verwendet werden.

Selbstständiger Teil

6.3 Überblick

Der selbstständige Teil dieses Moduls besteht aus folgenden Teilen:

- Teil A: Hotel-Verwaltung
- Teil B: Erdbeben-Verwaltung

6.4 Teil A: Hotel-Verwaltung

6.4.1 Aufgabenstellung

In dieser Aufgabe sollen Sie Hotel-Objekte in einem Ferienort inklusiv Buchungsmöglichkeit erstellen. Die Klasse Hotel soll aus folgenden Attributen und Methoden bestehen:

Hotel
name: str
sterne: int
stockwerke: int
zimmerProStockwerk: int
belegung: int
printInfo(): none
getGebuchteZimmer(): int
getMaxZimmer(): int
einchecken(int): bool
auschecken(int): bool

Eigenschaften (Attribute):

- `name`: Hier wird der Name des Hotels abgelegt.
- `sterne`: Hier steht die Anzahl der Hotel-Sterne.
- `stockwerke`: Hier wird angegeben, wie viele Stockwerke das Hotel hat.
- `zimmerProStockwerk`: Hier wird angegeben, wie viele Zimmer sich auf einem Stockwerk befinden.
- `belegung`: In diesem Attribut wird gespeichert, wie viele Zimmer aktuell belegt sind.

Methoden:

- `printInfo()`: Mit dieser Methode wird der Name und die Anzahl der Sterne eines Hotels auf der Konsole ausgegeben. Zudem wird angegeben, wie viele Zimmer das Hotel hat, und wie viele davon aktuell belegt sind. Verwenden Sie dazu die Methoden `getGebuchteZimmer()` und `getMaxZimmer()`.
- `getGebuchteZimmer()`: In dieser Methode wird zurückgegeben, wie viele Zimmer in einem Hotel aktuell gebucht werden können.
- `getMaxZimmer()`: In dieser Methode wird zurückgegeben, wie viele Zimmer im Hotel maximal gebucht werden können.
- `einchecken()`: In dieser Methode wird der Wert der Belegung um eins erhöht. Ist die Maximalbelegung erreicht, kann nicht mehr eingecheckt werden (Rückgabewert: Boolean).
- `auschecken()`: In dieser Methode wird der Wert der Belegung reduziert. Sind keine Zimmer mehr belegt, kann nicht mehr ausgecheckt werden (Rückgabewert: Boolean).

6.4.2 Mögliche Zwischenschritte

- Erstellen Sie die Klasse `Hotel` mit den angegebenen Eigenschaften in der `__init__`-Methode. Achten Sie darauf, dass bei der Instanzierung eines Hotels die Instanzvariablen (Attribute) auch sicher belegt werden.
- Erstellen Sie 5 Hotel-Objekte und speichern Sie deren Eigenschaften.
- Implementieren Sie die angegebenen Methoden.
- Geben Sie die Informationen zu den Hotels aus. Die Ausgabe könnte z.B. wie folgt aussehen:

```
Hotel Edelweiss ***
5 von 40 belegt

Hotel Astoria *****
41 von 200 belegt

Hotel Alpenblick ***
21 von 30 belegt

Hotel Drei Könige **
4 von 4 belegt

Hotel Terminus *
0 von 40 belegt
```

- Machen Sie ein paar Buchungsanfragen. Die Ausgabe könnte z.B. wie folgt aussehen:

```
Hotel Drei Könige **
Anfrage für 1 Zimmer
4 von 4 belegt
Das Drei Könige ist leider voll.

Hotel Alpenblick ***
Anfrage für 1 Zimmer
21 von 30 belegt
Sie können im Alpenblick einchecken.
```

- Checken Sie einige Personen ein und wieder aus. Die Ausgabe könnte z.B. wie folgt
  aussehen:

```
2 Zimmer im Alpenblick gebucht.
Hotel Alpenblick ***
23 von 30 belegt
```

6.4.3 Erweiterungen

- Schreiben Sie in die Klasse Hotel eine neue Methode mit dem Namen copy(),
  welche ein neues Objekt der Klasse Hotel erstellt und die Eigenschaften vom
  aktuellen Hotel übernimmt. Das Objekt des neuen Hotels wird mittels return
  zurückgegeben.

```
hotel2 = hotel1.copy()
```

6.5 Teil B: Erdbeben-Verwaltung

6.5.1 Ausgangslage

Laden Sie folgendes Python-Programm (zu finden unter www.et.ethz.ch) in Ihre Programmumgebung und studieren Sie die Ausgangssituation.

> **Entfernungsberechnung zwischen geografischen Koordinaten**
> Mit der wachsenden Verbreitung von GPS-Geräten können einfach geografische Koordinaten auf der Erdoberfläche bestimmt werden. Um die Distanz (Luftlinie) zwischen zwei Koordinaten auszurechnen, sind eine Reihe von Formeln notwendig. Details zu diesen Formeln finden Sie im Internet.

Programmcode Klasse `Coordinate`

```python
from math import *

class Coordinate:

    latitude = 0
    longitude = 0

    def __init__(self, deg_latitude, deg_longitude):
        self.latitude = radians(deg_latitude)
        self.longitude = radians(deg_longitude)

    def __str__(self):
        return str(self.latitude) + ", " + str(self.latitude)

    def distance(self, other):
        dlat = self.latitude - other.latitude
        dlon = self.longitude - other.longitude
        Hav = sin(dlat / 2)**2 + cos(self.latitude) * \
            cos(other.latitude) * sin(dlon / 2)**2
        return 6373 * 2 * atan2(sqrt(Hav), sqrt(1 - Hav))
```

Das Programm besteht aus folgenden Attributen und Methoden:

Coordinate
latitude: float
longitude: float
init()
str(): str
distance(): float

- Klasse `Coordinate`: `longitude` (*Längengrad*) und `latitude` (*Breitengrad*) gehören zusammen und können unter dem Datentyp `Coordinate` zusammengefasst werden.
- Methode `__init__`: Der Konstruktur wird ausgeführt, wenn ein Objekt erzeugt wird. Die Parameterwerte werden an diese Objektmethode übergeben. Sie rechnet Gradmass in Bogenmass um und setzt die Attribute `latitude` und `longitude`.
- Methode `__str__`: Diese Methode definiert, was ausgeführt wird, wenn eine Instanz an `print()` übergeben wird.
- Methode `distance`: Diese Methode berechnet die Distanz zwischen zwei geografischen Koordinaten.

Mögliche Ausgabe   Die Eingabe zweier Koordinaten-Objekte berechnet die Distanz in Kilometern:

```
zurich = Coordinate(47.36667, 8.55)
brisbane = Coordinate(-27.46794, 153.02809)
print(int(zurich.distance(brisbane)), "km")

# Ausgabe
16232 km
```

6.5.2 Aufgabenstellung

Das bestehende Programm soll so erweitert werden, dass Erdbebenmessungen als Objekte verwaltet werden können.

Datenquellen

- **Schweizerischer Erdbebendienst**: Daten von 2001 bis 2008. Der Nachfolgede Programmcode ist auf diese Datenquelle ausgerichtet. URL:

```
http://ecos09.seismo.ethz.ch/result.html?tremors=earthquake&
time_start=2001&time_end=2008
```

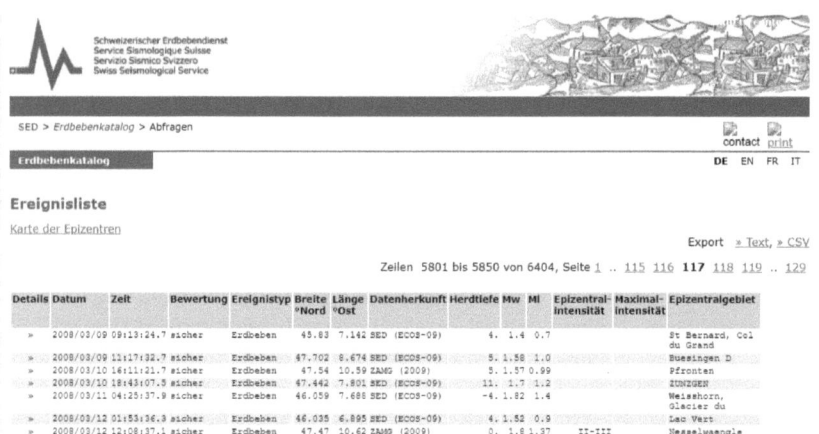

Abbildung 6.1: Beispiel von Erdbebendaten des schweizerischen Erdbebendienstes.

- **U.S. Geological Survey (USGS)**: Aktuelle Daten. Der nachfolgende Programmcode muss angepasst werden. URL:

```
https://earthquake.usgs.gov/earthquakes/feed/v1.0/csv.php
```

6.5.3 Vorgehen

- Erstellen einer neuen Klasse `Measurement`
- CSV-Import und Objekte erstellen
- User Interface für Datenabfrage

140

Erstellen einer neuen Klasse `Measurement`

Eine weitere Klasse `Measurement` soll eine Datenstruktur bereitstellen, um Erdbeben-daten als Objekte zu verarbeiten. Folgende Messwerte sollen ein gemessenes Erdbeben repräsentieren:

Measurement

date: str

time: str

longitude: float

latitude: float

magnitude: float

Die Eingabe von Erdbebendaten des Datentyps `Measurement` speichert die Daten als Objekte und macht folgende Ausgabe:

```
# Eingabe eines Erdbeben-Objekts

earthquake = Measurement("22.12.2019", "13:33",
-33.344, -72.431, 4.7)

print(earthquake)

# Ausgabe

Erdbeben der Stärke 4.7, gemessen am 22.12.2019 um 13:33
an Position -33.344 , -72.431
```

> **Hinweis**
> Die Ausgabe, die an `print()` übergeben wird, wird in der Methode **str** definiert.

Mögliche Zwischenschritte

- Schreiben Sie eine neue Klasse `Measurement`.
- Schreiben Sie die Methode `__init__` mit allen Attributen.
- Schreiben Sie die Methode `__str__`.
- Testen Sie Ihre neue Klasse `Measurement` durch die Eingabe eines Erdbeben-Objekts.

CSV-Import und Objekte erstellen

Stellen Sie die Erdbebendaten im CSV-Format (*Comma Sperated Values*) in demselben Python-Projektordner bereit.

Beispiel einer Zeile in der CSV-Datei

```
30274940.00000; 2001/01/20 15:49:10; ceratin; earthquake;
45.856; 8.142; "SED (ECOS-09)"; 13.0; 2.56; 2.6;
```

Folgende Informationen der Zeile sollen gelesen und als Objekt gespeichert werden:

- Index 0: Schlüssel für Dictionary. Wird in natürliche Zahl umgewandelt
- Index 1: Datum und Uhrzeit. Wird beim Leerzeichen unterteilt
- Index 4: Längengrad. Wird im Kommazahl umgewandelt
- Index 5: Breitengrad. Wird in Kommazahl umgewandelt
- Index 9: Erdbebenstärke auf der Richterskala. Wird in Kommazahl umgewandelt

Die neue Klasse `Measurement` hat folgende Attribute:

Measurement
date: str
time: str
coordinate: Coordinate(latitude, longitude)
magnitude: float

> **Hinweis**
>
> Beachten Sie, dass ein Objekt von `Measurement` ein Attribut vom Typ `Coordinate` hat.

Code für CSV-Import

```python
def read_measurements(filename):
    # Datei Zeile für Zeile einlesen
    with open(filename) as file:
        lines = file.read().splitlines()
    measurements = {}
    # Alle Zeilen nacheinander verarbeiten
    for i in range(0, len(lines)):
        tmp = lines[i].split(";")
        tmp_coord = Coordinate(float(tmp[4]), float(tmp[5]))
        tmp_date_time = tmp[1].split(" ")
        tmp_magnitude = float(tmp[9])
        tmp_meas = Measurement(tmp_date_time[1], \
        tmp_date_time[2], tmp_magnitude, tmp_coord)
          measurements[int(float(tmp[0]))] = tmp_meas
        print(tmp_meas)
    return measurements
```

Was sind Dictionaries?

Dictinories sind in Python **Sammlungen von Objekten** unter einem gemeinsamen Schlüssel. In Python werden Werte von Dictinories zwischen geschweiften Klammern { } eingeschlossen.

User Interface für Datenabfrage

Erstellen Sie ein User-Interface, mit dem Daten aus der Datensammlung abgefragt werden können.

Beispiel einer Abfrage

```
Geben Sie eine Erdbeben-ID ein (Abbrechen mit exit):
3011230.00000
Erdbeben-ID nicht gefunden.

Geben Sie eine Erdbeben-ID ein (Abbrechen mit exit):
30238980
Erdbeben der Stärke 1.86, gemessen am 2001/10/19 um
06:55:36 an Position 0.826936999, 0.826936999
```

6.5.4 Erweiterungen

Visualisieren Sie die erfassten Erdbeben in einem Diagramm.

6.5.5 Bedingungen für die Präsentation

Führen Sie einer Assistentin oder einem Assistenten Ihre erstellten Programme (Hotel-Verwaltung und Erdbeben-Verwaltung) vor.

Überlegen Sie sich, wie Sie einem Laien folgende Fragen erklären würden:

- Was bringt die objektorientierte Programmierung für Vorteile?
- Was ist die Rolle einer Klasse bei der Erzeugung von Objekten?
- Was ist der Unterschied zwischen Objekt-Methoden und Funktionen?
- Was macht ein Konstruktor?

Die Begriffe dieses Kursmoduls sollten Sie mit einfachen Worten erklären können.